2011년 8월 11일 초판 1쇄

글 **노병천** 펴낸곳 **책밭** 펴낸이 전미정 디자인 남지현 전혜영 교정·교열 정윤혜 이동익
출판등록 2011년 5월 17일 제300-2011-91호 주소 서울 중구 필동 1가 39-1 국제빌딩 607
전화 070-7090-1177 팩스 02-2275-5327 이메일 go5326@naver.com 홈페이지 www.npplus.com
ISBN 978-89-966569-1-3 03320 정가 12,000원
ⓒ노병천, 2011

이순신대학 불패학과

필수과목 1

명랑대첩

조교 노병천

책밭

이순신대학 불패학과를 개설하며

드디어 이순신대 불패학과를 개설했다. 오랜 염원이 이루어진 것이다.

세계에서 처음 있는 일이기에 많은 분들이 축하해주었고, 다투어 메시지를 보내왔다. 대체로 이 대학의 설립자이자 총장인 이순신 장군이 어떤 인물인지를 메시지 형식으로 보내왔다. 너무 많아서 일일이 다 소개할 수는 없고 그 중에 몇 개만 골라본다.

먼저 도고 헤이하치로東鄕平八郞의 메시지다. 러일전쟁에서 러시아의 발틱 함대를 격파하여 일본의 성장聖將으로 떠받들어진 사람이다.

"넬슨은 군신軍神이 될 수 없다. 해군 역사에서 군신으로 불릴 수 있는 사람은 이순신 한 사람뿐이다. 이순신에 비교하면 나는 일개 부사관에 불과하다."

다음은 진린陳璘의 메시지다. 이순신과 함께 싸웠던 명나라 해군 제독이다. 아마 가장 가까이서 이순신을 봤기 때문에 남다른 감회가 있을 것이다.

"이순신은 천지를 주무르는 재주와 나라를 바로 잡은 공이 있다.李舜臣有 經天緯地之才 補天浴日之功"

영국에서도 축하 메시지가 왔다. 영국 해군중장 발라드$^{G. A.}$ ^{Ballard}이다.

"그의 이름은 서구 역사가들에게도 잘 알려져 있지는 않지만, 그의 공적으로 보아 위대한 해상 지휘관들 중에서도 능히 맨 앞줄을 차지할만하다. 이순신 장군을 낳게 한 것은 신의 섭리였다. 이순신의 명성이 그의 조국 이외에서는 알려지지 않은 것에 대하여 매우 유감이다."

『언덕 위의 구름』을 지은 일본의 유명한 소설가 시바 료타로^{司馬} ^{遼太郞}도 메시지를 보내왔다.

"이순신은 기적과도 같은 이상적인 군인이자 세계 역사상 필적할만한 사람이 없는 위인이다."

이 정도로만 하자. 너무 많이 소개하면 늘 자신을 낮추고 남을 섬기는 데 익숙한 총장님에게 오히려 누를 끼치는 셈이 되니까 말이다.

이순신대 불패학과는 매우 엄격한 학사규정을 두고 있다.

우선 졸업하기 위해 반드시 이수해야하는 필수전공으로 명량대첩, 한산대첩, 노량대첩을 잠정 확정했다.

여기서 잠정이라는 말을 사용했다.

왜냐하면 아직도 학과 교수들 사이에 의견이 일치되지 않았기 때문이다. 여러 번 이 문제로 학과장 주관 하에 학과회의를 했지만 아직도 결론이 나지 않았다.

어떤 교수는 더 많은 과목을 필수전공으로 해야 한다고 핏대를 세우기도 했다. 예를 들면 옥포대첩, 당항포대첩, 안골포대첩 등이다.

물론 맞을 수 있다. 언젠가는 이순신이 했던 23번, 아니 작은 전투까지 합하면 대략 26번의 전투 모두를 필수과목으로 해야 될지 모른다. 그렇게 되면 학생들의 부담이 엄청나다.

그래서 이들 과목은 학생들의 형편에 따라 취사선택할 수 있는 선택과목으로 하는 것으로 결론이 모아졌다. 물론 신문기자 출신인 유모 교수는 끝까지 이들 모두를 필수전공으로 해야 한다고 뻑뻑 소리쳤지만 말이다. 이 사람을 설득하느라 여러 명이 진땀을 뺐다.

왜 명량대첩을 맨 처음 과목으로 확정했는가?
그만한 이유가 있다. 명량대첩만큼 불가사의한 전쟁은 없다.
아무리 생각해도 13척으로 133척을 이길 수는 없다.

사람이 해낼 수 있는 그 한계를 넘어섰다. 이 해전에는 확실히 뭔가가 있다. 그래서 이 특별한 해전을 먼저 연구할 필요가 있었다. 명량대첩을 공부하다 보면 기가 막히는 일을 만나게 된다.

첫째는, 그동안 우리가 알고 있었던 명량대첩이 많은 부분에서 왜곡되었다는 사실이다. 그 사실을 아는 순간, 쥐고 있던 볼펜을 집어 던질지도 모른다.

일본 사람들은 그들의 조상이 겪었던 너무나 창피한 이 패전의 흔적을 어떻게 해서라도 지워버려야 했다. 그래서 많은 부분에서 왜곡을 했다. 이 책을 읽다 보면 금방 알게 될 것이다. 이순신이 명량대첩 당시에 기습을 당했다는 것도 아마 충격으로 다가올 것이다.

둘째는, 그 말 많은 독도가 이순신이 지켜낸 땅이라는 사실이다. 임진왜란 직전에 토요토미 히데요시는 수군무장 구키 요시타카 九鬼嘉隆, 1542년~1600년 11월 17일에게 곧 침공할 조선의 지도를 그려오라고 명령했다. 조선국지리도라고 이름한 그 지도에 보면 울릉도와 우산도于山島가 그려져 있다. 우산도는 독도의 옛이름이다. 심지어 대마도까지 그려져 있다. 그러니까 울릉도와 독도와 대마도가 자기들이 쳐들어갈 적국이라는 것이다. 오늘날 일본 사람들이 한결같이 존경하고 있는 도요토미 히데요시가 인정한 적국의 땅, 즉 조선의 땅인 것이다.

만약에 이순신이 명량대첩을 통해 나라를 지키지 못했더라면 그들의 야심대로 독도는 확실히 일본의 것이 되었을 것이다. 아찔하다. 그래서 이 명량대첩의 과목이 중요한 것이다.

셋째는, 명량대첩이 대단한 해전이며 또한 이순신은 우리가 생각하는 것보다 훨씬 더 위대한 인물이라는 사실이다.

오늘 이 과목은 우리가 일반적으로 알고 있는 명량대첩과는 판이하게 다를지 모른다. 공부하다 보면 저절로 무릎을 치게 되고, 어떤 장면에서는 절로 눈물이 날지 모른다. 억지로 눈물을 감추려고 하지 않아도 좋다. 많은 학생들이 초고를 보고도 질질 눈물을 흘렸으니까 말이다. 그의 생애 자체가 울림이 너무 크다.

불패학과라는 학과명은 어떤 의미가 있는지 잠깐 언급해야겠다. 누가 "너희 과 이름이 무슨 뜻이냐?" 하고 물어보면 비싼 등록금을 내고 적어도 바보 소리는 듣지 말아야 하지 않겠는가.

손자병법 제4군형편에 보면 '선전자善戰者 입어불패지지立於不敗之地 이부실적지패야而不失敵之敗也'라는 말이 나온다. 잘 싸우는 자는 패하지 않을 위치에 서서 적이 패할 기회를 놓치지 않는다는 말이다.

이것이 바로 이순신의 전략이다. 불패의 전략! 적어도 지지는 않되 기회가 되면 반드시 이긴다는 고차원적인 전략이다.

그래서 여러 교수들의 의견도 청취하고, 최종적으로 총장 이순신의 재가를 받아 학과명으로 확정했다. 참고로 이순신 장군이 재가하면서 "내 전략을 한마디로 제대로 잘 표현했다."고 하며 아주 흐뭇해하셨다고 한다.

이 교재에 현충사 『난중일기』 진본의 글을 그대로 실어두었다. 아마도 자료로서의 가치도 있을 것이다. 귀중한 자료의 열람과 사용을 허락해주신 문화재청과 현충사 관계자 여러분에게 이 기회를 빌어 심심한 감사의 말씀을 드린다. 교재에 인용한 여러 자료들은 출처를 밝히기 위해 나름대로 애를 썼지만 혹시 빠진 부분이나 미처 양해를 구하지 못한 부분도 있을지 모른다. 그런 부분이 있어 연락주시면 반드시 찾아가서 넙죽 절한 뒤 뒤늦은 양해를 구하겠다.

과목의 학점은 엄청 짤 것 같다는 소문이 공공연하게 나돌고 있다. 신생학과이기 때문에 뭔가 차별화해야겠다고 교수들이 벼르고 있다나? 이 말을 누가 화장실을 지나가다가 우연히 들었다고 한다.

그래서 교내 백일장에서 장원을 한 경력이 있는 자칭 문학천재 유광종이나 디자인 국제대회 입상에 빛나는 전액장학생 전미정 조차도 자다가 가끔씩 벌떡 일어난다고 한다.

하지만 그리 걱정하지 않아도 좋을 것 같다.
여러분을 친절하게 도와줄 노병천 조교가 있기 때문이다.
노 조교는 육사 35기 출신이라고 하는데 군에 있을 때는 '전설'로 통했단다. 이른바 '육사가 낳은 천재', '독보적 존재'라고 불리는 노 조교는 연구대상이다. 두 개의 박사학위를 가지고, 종합대학교의 부총장과 전임교수를 지내며, 세계의 수많은 나라의 초청으로 이순신을 강의하는 이순신홍보대사요 이순신중독자이다. 그런 예사롭지 않은 그가 이순신대학에 불패학과가 생겼다는 소식을 듣고는 모든 직책에서 내려와 그저 학생들을 돕는 조교로 섬기게 해달라며 이순신 관사 앞에 신문지를 깔고 단식투쟁까지 했다고 한다.

본래 이 명량대첩 교재는 장난 아니게 두꺼웠다고 한다. 그런데 그렇게 두꺼우면 읽기도 힘들고, 무엇보다도 한글세대인 학생들이 도저히 따라가기 어렵다고 해서 군더더기를 없애고 꼭 필요한 내용만 실었다고 한다. 학문적 권위를 위해서 일일이 주를 달고, 자세한 내용도 전부 실어야 된다고 고집하는 교수들을 일일이 찾아가서 그렇게 되면 책이 두꺼워져서 절대로 안 된다고 빡빡 우긴 사람도 사실은 노 조교였다. 그런 숨은 노력의 결과로 이렇게 비교적 작은 책이 나왔으며 학생들이 부담 없이 볼 수 있게 된 것이다. 얼마나 다행인가!

참고로 슬쩍 말하면, 그의 어머니는 덕수 이씨德水李氏로서 이순신 장군과는 친척관계에 있다고 한다.

여러분은 널려 있는 수많은 학과 중에서 망설임 끝에 결국에는 이 학과를 선택했다. 탁월한 선택에 박수를 보낸다. 가치 있는 삶이 어떤 것인지, 조국과 민족이 나에게 어떤 의미가 있는지 다시 한번 되돌아보는 계기가 되면 좋겠다.

이제 수업을 시작하기 전에 특별히 총장 이순신 장군이 직접 만들어준 과구호를 다같이 힘차게 외치자.

필사즉생必死卽生!

2011년 광복절을 기하여

숙달된 조교 노 병 천

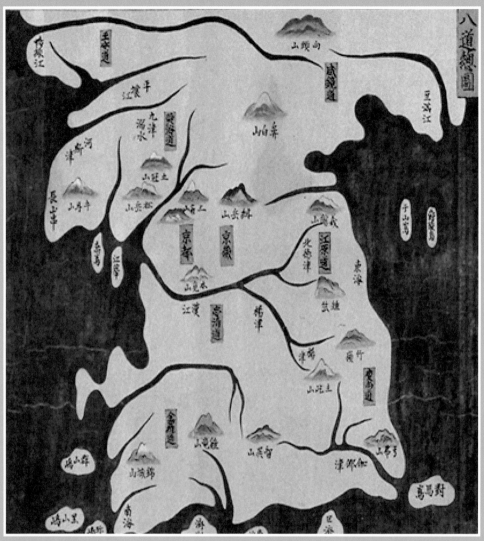

조선국지리도 (출처: 독도박물관)

임진왜란 당시 도요또미 히데요시豊臣秀吉의 명령으로 구끼九鬼嘉隆 등이 제작한 지도.
팔도총도와 강원도 부분 지도에 울릉도와 우산도于山島-독도를 표기했다.
이 지도는 현재 발견된 일본고지도로서는 울릉도와 독도를 우리식 명칭으로 표기한 최초의
지도일 뿐만 아니라, 대마도를 우리의 영토로 표시한 최초의 지도이기도 하다.
이순신은 온몸으로 명량에서 승리를 쟁취함으로써 일본으로부터 독도를 지켜냈다.

목차

오로지 싸움이다.
–
임금의 명령도
거부한다.

때는 1597년 정유년丁酉年.

이순신의 맹활약으로 전세가 불리해진 일본이
명나라와의 강화를 운운하면서
약 3년 8개월간 소강상태에 있을 때였다.
이때 이순신은 한산도에 본부를
두고 거제도 지역을 굳게 지키고 있었다.
견내량見乃梁을 사이에 두고 팽팽한 긴장감이 흘렀다.

일본군은 1597년 1월부터 가토 기요마사加藤淸正를 선봉 제1군에, 고니시 유키나가를 제2군에 세워 조선의 재침략에 들어갔다. 이른바 정유재란이다.

일본에서 출동한 병력은 약 15만 명이었고, 경상도 연안에 잔류시켰던 5만여 명을 합하면 임진년 당시보다도 훨씬 많은 20만 명에 달하는 엄청난 규모였다.

가토 기요마사의 선봉 제1제대 150여 척이 1월 12일에 울산의 서생포에 도착했고, 그가 친히 인솔한 제2제대 130여 척은 다음 날인 13일에 가덕진에 도착했다. 그리고 14일에는 가덕진을 출발하여 다대포를 거쳐 서생포로 향했다.

바로 이런 상황에서 이순신의 투옥 사건이 벌어진다.

임진왜란 당시에 일본의 도요토미 히데요시는 어떻게 하든지 이순신을 제거해야만 다음 전쟁에서 이길 수 있으리라 확신하고 그를 제거하기 위한 모략에 착수했다. 그래서 조선 조정으로부터 작은 벼슬을 받고 조선군 진영에 자유롭게 드나들던 요시라要時羅를 통해 음모를 진행시키고 있었다.

요시라는 한 통의 편지를 평안도 도병마사 김응서에게 보냈다.

나는 전쟁을 하지 않고 싶으나 저 가토 기요마사가 도요토미 히데요시를 재촉하여 확전을 하고자 하니 나는 어찌할 바를 모르겠다. 그래서 내가 너희들에게 전쟁을 빨리 종식시킬 수 있는 방법을 가르쳐줄 터이니 그대로 한번 해보아라. 아마도 가토 기요마사가 대마도를 거쳐서 서생포 방향으로 갈 것 같다. 그러면 그쪽으로 도착하는 일정을 우리가 알려줄 테니 이순신의 수군을 동원해서 이 전쟁 미치광이 가토를 태워 없애버려라. 그러면 전쟁은 끝난다.

서생포는 임진왜란 당시 동해안 축선을 담당했던 가토가 임진왜란 발발 다음 해인 1593년 5월부터 왜성을 축성하면서 이미 그들의 본거지로 삼은 곳이다. 고니시의 편지를 받아 본 김응서는 이를 급히 조정에 보고했고, 조정은 도원수 권율에게 명령하여 이순신으로 하여금 가토를 잡으라고 했다.

이때 이순신 장군은 출정할 것인가 말 것인가를 두고 몇 가지 전략적인 판단을 한다.

첫째, 장거리 이동에 따르는 보급의
문제다.

지금 조선 수군이 있는 한산도에서 울산에 있
는 서생포까지 가려면 너무 멀다. 조선 수군이
사용하고 있는 판옥선은 장거리 수송용이 아
니라 근거리 전투용이다. 서생포로 가는 동안
에 적절하게 물이나 식량 등의 보급을 받아야
하나 이미 해안을 따라 구축된 왜성 때문에 원
활한 보급이 사실상 불가능하다.

둘째, 부산을 점령한 일본군의 공격을
피하기 어렵다.

부산은 이미 일본군이 점거했다. 서생포로 가
기 위해서는 반드시 부산 앞바다를 지나야 하
기 때문에 이들의 위협은 매우 심각할 수밖에
없다. 요행히 서생포까지 갔다 하더라도 돌아오는 길에 또다
시 부산으로부터의 위협에 노출된다. 더구나 지친 귀항로가
아니겠는가.

셋째, 턱없이 부족한 전투 병력이 문제다.

조선 수군을 언제나 긴장상태로 마냥 묶어둘 수는 없다. 전

 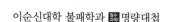

▲ 일본군이 구축한 수많은 왜성들

투가 없는 틈을 타서 적절하게 휴식토록 해야 한다. 당시에
노를 젓는 격군 등 여러 군사들은 휴가차 집으로 돌아갔고
필수요원만 진영을 지키고 있었다.

마지막으로, 이미 일본군이 상륙했을 것이라는
판단이다.

만약 상륙하여 곳곳에 매복을 하고 있다면 큰일이다.

바닷길이 험난하고 또한 적이 반드시 여러 곳에 복병을 숨겨두고 기다릴 것이니, 배를 많이 거느리고 간다면 적이 알지 못할 리 없고, 배를 적게 거느리고 가다가는 도리어 습격을 당할 것입니다.

『再造藩邦志』

이순신이 출정명령을 받은 날은 1월 21일이었는데, 실제로 가토의 수군 선봉1제대 150척은 이미 8일 전인 1월 12일 서생포

▼ 1597년 조선수군과 일본수군의 대치현황

에 도착했다. 이순신의 전략적인 판단은 매우 정확했다.

하지만 이러한 상황을 모르는 권율은 도원수인 자신의 명령을 무시한 이순신의 행위를 조정에 보고하는 동시에, 수군 단독으로 부산의 적을 치러가는 작전 방안을 조정에 올렸다.

그러나 이순신 장군은 거기에 대해서도 강력히 반대를 하며, 수륙합동작전으로 싸우지 않는 한 승산이 없음을 말했다. 이순신 장군은 2차 장문포해전에서 수군 단독으로 적의 육군을 공격하여 별 성과 없이 끝난 쓰린 경험을 가지고 있었다.

일본군은 한산대첩 이후로 부산으로 가는 길목 해안에 수많은 왜성을 쌓았다. 부산모성, 부산자성, 죽도성, 웅천성, 안골포성, 가덕성, 영등포성, 송진포성, 장문포성, 가덕성이 바로 왜성이다.

바다로 들어오는 적은 수군이 막을 수 있으나 이미 육지에 적이 자리를 잡고 포진해 있으면 어려운 전쟁이 된다는 것이다.

그래서 그 후의 사천, 당포, 당항포해전에서는 수륙합동작전으로 적을 무찌를 수 있었다.

이순신은 이미 적들이 바다를 건너 부산포에 들어왔고, 왜성에 머물고 있던 자기편과 합류했다고 판단했을 것이다. 그러니 조선 육군과의 수륙합동작전 준비가 전혀 이뤄지지 않은 상황에서 수군만으로 무모하게 출동할 수는 없는 노릇이었다.

이순신은 절대로 무모한 전쟁을 하지 않았다.
반드시 이길 수 있는 전쟁을 했고,
만약에 이길 조건을 갖추지 못했을 때는
그 조건을 만들고 나서 전쟁에 나섰다.

그래서 모르는 이들은 이순신을 볼 때 너무 신중하다느니, 너무 소심하다느니 하는 잘못된 평가를 하기도 한다.

이는 이순신을 잘못 알고 하는 말이다. 이순신의 전략은 『손자병법』 제4 군형편에 나오는 '자보이전승自保而全勝' 즉 '내가 보존되고, 그리고 완전한 승리를 만드는 것'을 지향하고 있다.

중요한 것은 내가 먼저 보존이 되어야 한다는 것이다. 전쟁 상황에서는 손실된 병력이나 장비 등을 다시 보충하기가 여간 어렵지 않기 때문이다.

그래서 이순신은 반드시 이기겠다는 필승必勝전략보다는 적어도 지지는 않겠다는 불패不敗전략을 추구했다. 필승을 고집하다 보면 많은 피해를 입을 수 있다. 그러나 불패를 추구하면 최소한의 피해로 최대의 목적을 달성할 수 있다. 보다 고차원적인 전략이다. 이것을 잘 모르면 이순신의 심오한 전략을 이

해할 수 없다.

그래서 절대로 가볍게 움직이는 법이 없는 이순신이었다. 한 번 잘못 출정하는 것만으로 조선의 운명이 좌우될 수 있기 때문이다. 『손자병법』 제8 구변편에 '군명유소불수君命有所不受'라는 내용이 있다. 즉 '임금의 명령이라도 듣지 않을 때가 있다'는 뜻이다.

그렇다면 언제 듣지 않는가? 내 힘이 충분히 적을 격파하고 장수를 잡을 수 있을지라도, 깊이 헤아려 보아 적에게 기세와 주도권이 있으면有寄勢巧權 공격해서는 안 된다고 말하고 있다.

제10 지형편에 보면 '전도필승 주왈무전 필전가야 전도불승 주왈필전 무전가야戰道必勝, 主曰無戰, 必戰可也. 戰道不勝, 主曰必戰, 無戰可也' 즉 '싸움의 법칙에 비추어 볼 때 반드시 이길 수 있다면 군주가 싸우지 말라고 해도 반드시 싸울 수 있고, 싸움에서 이기지 못할 경우라면 군주가 반드시 싸우라고 해도 싸우지 않아야 한다'는 말이 곧 이것이다.

그리고 이어지는 어귀가 이렇다. '고진불구명 퇴불피죄 유민시보이리어주 국지보야故進不求名 退不避罪 唯民是保而利於主 國之寶也'. 즉 '그러므로 나아감에 명예를 구하지 아니하고, 물러남에 죄를 피하지 않으며, 오직 백성을 위하고 군주에게 이롭게 하려함이니 이런 사람이 나라의 보배다' 는 말이다.

바로 이 당시 이순신에게 꼭 맞는 말이다. 이순신은 그동안 어떤 경우든지 공명심으로 나아가지 않았고 죄를 피하기 위해 뒤로 물러서지 않았다. 오직 나라와 임금을 위해 행동을 결정했었다.

그는 다른 무엇보다 전쟁에서의 승리에 몰두했다. 많은 병력과 무기를 지니고 움직이는 군대의 실제 지휘자로서는 최선의 선택이다. 임금의 추상같은 명령도 나라의 운명이 걸린 전쟁터에서는 잠시 걸음을 멈춰야 한다.

냉철한 지휘관인 이순신은 전쟁터에서 멀리 떨어져 있던 임금과 조정의 판단보다는 야전 지휘관으로서의 자신이 지닌 판단에 충실했던 인물이다. 따라서 그는 매우 충실한 군사 전략가였다.

이런 이순신이야말로 나라의 보배가 아니던가.

혹자는 말한다. 어차피 누군가가 출동을 해야 한다면 그래도 이순신이 가는 것이 좋지 않았겠는가라고.

물론 맞는 말일 수 있다. 그런데 우리는 결과론적으로 당시를 평가하기 쉽다. 만약에 이순신이 이때 출동을 했었다면 그 후

▲ 한양으로 투옥되어가는 이순신

에 벌어졌던 명량대첩도 존재하지 않았을지 모르고, 그렇게 된다면 조선은 이미 끝장났을지도 모르는 일이다. 역사에는 가정이라는 것이 의미가 없다.

조정의 명령을 좇지 않자 조정에서는 이순신이 싸움을 하기 싫어한다는 말이 공공연히 나돌기 시작한다. 조정에서는 마치 기다렸다는 듯이 이순신을 체포하도록 명령했다. 죄명은 네 가지였다.

조정을 속이고 임금을 업신여긴 죄
欺罔朝廷 無君之罪

왜적을 놓아주고 나라를 저버린 죄
縱賊不討 負國之罪

남의 공로를 가로채고 남을 죄에 빠뜨린 죄
奪人之功 陷人於罪

방자하고 어렵게 여겨 꺼림이 없는 죄
無非縱恣 無忌憚之罪

억지로 덮어씌운 여러 죄목 중에서 첫째 죄목인 '조정을 속이고 임금을 업신여긴 죄'는 대략 이렇다.

1596년 12월 12일에 부산 왜영에 방화를 한 사건이 있었는데 이때 이순신은 그의 부하 거제현령 안위 일행이 이 일을 했다고 공적 보고를 했었다.

그런데 보고한 다음 날인 1월 2일에 이조좌랑 김신국이 그때의 방화는 이순신의 부하들이 한 것이 아니라 도체찰사 이원익의 군관들이 했다는 보고를 조정에 올렸다.

결국 이순신은 조정과 임금에게 허위보고를 한 셈이 되었다.

이 엄청난 죄목과 함께 둘째 죄목인 '왜적을 놓아주고 나라를 버린 죄' 역시 매국노에 해당하는 중죄가 되었다.

1597년 2월 26일 이순신은 한산도에서 체포되어 금부도사가 지휘하는 죄수용 함거에 실린 채 서울로 향했다. 한산도에서 서울까지 그 험하고 먼 길을 불과 8일 만에 달려갔다. 선조를 비롯하여 모두가 이순신을 못 잡아먹어서 안달하는 사람들과 같았다.

결국 이순신을 옥에 가두어 버렸다.

이때가 1597년 3월 4일이다.

이순신을 제거하려던 이 작전에는 간첩 요시라 외에 평소 이순신을 시기하고 미워했던 선조 이연이 깊숙이 개입했다는 설도 있다. 전라감사 황신黃愼을 불러들여 은밀하게 작전을 지시했다는 것이다.

황신은 조정의 명으로 일본에 다녀온 직후인 1596년 12월 21일 선조에게 '일본이 다시 침략할 경우에는 조선 수군이 먼저 공격 대상이 될 것이다' 라고 보고를 한 바가 있다선조실록 권83.

누구의 손에 의해 이순신이 전쟁터에서 물러났는지는 분명하게 말할 수는 없지만 결과적으로 그는 결국 제거돼 옥에 갇혔다.

이순신을
죽이려는 사람들

임금인 선조 이연을 비롯해서
윤두수, 윤근수 형제들, 그리고 일부 동조세력들이
이순신을 음해하고 모함해서
이 기회에 이순신을 죽이려고 작정했다.

당시 상황을 기록한 『선조실록』 1597년 1월 27일자를 보면 이렇다.

설사 지금 그^{이순신}의 손으로 가토 기요마사의 목을 베어온다 하더라도 결코 그 죄를 용서할 수 없다.

선조 이연을 비롯해서 간신배들이 이순신을 죽이기로 마음먹고 옥에 가두었다. 당시에는 이런 죄목으로 옥에 갇히면 살아날 길은 없다. 당연히 죽음이었다.

이때 이순신의 조카 이분^{李芬}이 와서 적당히 뇌물을 쓰면 나올 수도 있다고 말했다. 이 말을 들은 이순신은 격분하여 소리쳤다.

"이놈아! 죽으면 죽는 거지 어찌 도리에 어긋난 일을 해서 살기를 꾀한단 말이냐! 죽고 사는 것은 천명^{天命}이니 죽게 되면 죽을 뿐이다!"

국문^{鞫問}은 세 차례에 걸쳐 벌어졌다.

그를 국문한 인물은 원균과 먼 친척뻘인 윤근수였다.

첫날 국문에서 이순신은 "지금까지 적을 무찌르지 못한 것은

만 번 죽어도 마땅하지만 적에게 뇌물을 받은 적은 없다"고 강력하게 말했다.

선조 이연은 일차 국문을 끝낸 뒤 결국 이순신을 죽이기 위한 계획에 착수했다. 정유년 1597년 3월 13일자의 『선조실록』이다.

> ……신하로서 임금을 속인 자는 반드시 죽이고 용서하지 말아야 한다. 이제 끝까지 고문하여 그 내막을 밝혀낸 후 어떻게 처리해야할 것인지 대신들에게 물어보도록 하라.

임금이라는 사람이 먼저 '죽이고 용서하지 말아야 한다'는 전제를 두고 신하들에게 뒷조사를 하라고 했으니 이순신은 이미 죽은 목숨과 같았다. 죽이려고 작정한 뒤 진행한 세 번째 국문에서는 그 정도가 얼마나 혹독했는지 형관들이 이순신의 주리를 틀어 살점이 터지고 피가 흘러 정강이뼈가 허옇게 드러났다.

이 다급한 상황에서 이순신과 함께 싸웠던 전라우수사 이억기는 조정대신에게 한 통의 편지를 보냈다.

장수에게 있어 싸우라고 명령을 내리는 것보다 더욱 더 어려운 것은 참고 때를 기다리라고 하는 것입니다. 함부로 군사를 움직이지 않은 것은 나라의 명령을 업신여겨서가 아니라 자칫 왜적의 함정에 걸려 군사와 배를 잃으면 그나마 지켜왔던 남해의 바다마저 잃을까 두려웠기 때문입니다. 이순신에게 죄가 있다면 그것은 나라의 백성을 사랑한 죄뿐입니다.

이 편지로 조정 대신의 마음은 조금 움직였지만 여전히 임금의 마음은 요지부동이었다.

너무나 다급한 상황이었다.

이대로 두면 죽을 것 같아서 영의정 유성룡은 남인으로서 자기와 같은 퇴계의 문인이며, 대인관계가 아주 좋은 정탁鄭琢을 시켜서 선조에게 이순신을 살려달라는 '신구차伸救箚'를 부탁했다.

신구차라고 하는 말은, 신구伸救 즉 죄가 없음을 들어서 구원을 요청한다는 뜻이며, 차箚는 간단한 상소문을 의미한다. 이 신구차는 이순신의 운명과 관련이 있는 매우 중요한 내용이기 때문에 그 대부분의 내용을 싣는다.

우의정 정탁은 엎드려 아룁니다.

이모李某:이순신는 몸소 큰 죄를 지어 죄명조차 무겁
건마는 성상聖上께서는 얼른 극형을 내리시지 않
으시고 두남두어 문초하시다가 그 뒤에야 엄격히
추궁하도록 허락하시니, 이는 다만 감옥 일을 다스
리는 체모와 순서만으로 그러심이 아니라 실상은
성상께서 인仁을 베푸시는 한 가닥 생각으로 기어
이 그 진상을 밝힘으로써 혹시나 살릴 수 있는 길
을 찾으시고자 바라심에서 하심이라. 성상의 호생
好生하시는 뜻이 자못 죄를 짓고 죽을 자리에 놓
인 자에게까지 미치시므로 신은 이에 감격함을 이
길 길이 없습니다.

신이 일찍 벼슬을 받아 죄수를 문초해본 적이 한
두 번이 아닌데, 얼추 죄인들이 한 번 심문을 거치
고는 그대로 상하여 쓰러져 버리고 마는 자가 많아
설사 좀 더 밝혀줄 만한 마음을 가진 경우가 있더
라도 이미 목숨이 끊어진 뒤라 어찌할 길이 없으므
로 신은 적이 이를 늘 민망스레 여겨왔습니다.

이제 이모가 이미 한 번 형벌을 겪었는데, 만일 또
형벌을 하게 되면, 무서운 문초로 목숨을 보전하지

못하여 혹시 성상의 호생하시는 본의를 상하게 하
지나 않을까 걱정하는 바입니다.

저 임진년에 왜적선이 바다를 덮어 적세가 하늘을
찌르던 그날에 국토를 지키던 신하들로서 성을 버
린 자가 많고, 국방을 맡은 장수들도 군사를 그대
로 보전한 자가 적었으며, 또 조정의 명령조차 사
방에 거의 미치지 못할 적에 이모는 일어나 수군
을 거느리고 원균과 더불어 적의 예봉을 꺾음으로
써 나라 안 민심이 겨우 얼마쯤 생기를 얻게 되고,
의사義士들도 기운을 돋우고 적에게 붙었던 자들도
마음을 돌렸으니, 그의 공로야말로 참으로 컸습니
다. 조정에서는 이를 아름다이 여기고 높은 작위를
주면서 통제사의 이름까지 내렸던 것이 실로 당연
한 것입니다.

그런데 군사를 이끌고 나가 적을 무찌르던 첫 무
렵에 뛰쳐나가 앞장서는 용기로는 원균에게 미치지
못했으므로 사람들이 더러 의심하기도 한 바는 그
렇다고 하겠으나, 원균이 거느린 배들은 마침 그때
에 조정의 지휘를 그릇되이 받들어 많이 침몰된 것
이니만큼, 만일 이모의 온전한 군사가 없었더라면

장한 형세를 갖추어 공로를 세울 길이 없었을 것입니다.

이모는 대장이라 나갈만함을 보고서야 비로소 시기를 잃지 않고 수군의 이름을 크게 떨쳤던 것입니다. 그러니 전쟁에 임하여 피하지 않은 용기는 원균이 가진 바라 하겠지만, 끝내 적세를 꺾어버린 공로로는 원균에게 양보할 것이 많지는 않습니다.

다만 그때에 원균에게도 그만한 큰 공로가 없지 않았는데, 조정의 은전은 온통 이모에게만 미치고 있으니 참으로 애석한 일입니다. 원균은 수군을 다루는 재주에 장점이 있고, 천성이 충실하며, 일에 달아나 피하지 않고, 마구 찌르기를 잘하는 만큼, 두 장군이 힘을 합치기만 하면 적을 물리치기에 어렵지 않을 것이라 신이 매양 어전에서 이런 말씀을 올렸던 것입니다. 그러나 조정에서는 두 장군이 서로 맞지 않기 때문에 원균을 다시 쓰지 않고, 오로지 이모만 머물러 두어 수군을 맡아보게 하였습니다. 이모는 과연 적을 방어하는 일에 능란하여 휘하 용사들이 모두 즐겁게 쓰이므로 군사들을 잃지 않고 그 당당한 위세가 옛날과 같으므로, 왜적들이 우리 수군을 겁내는 까닭도 혹시 거기에 있지 않나 하거니와, 그가 변방을 진압함에 공로가 있음이 대강 이와 같습니다. 어떤 이는 이모가 한 번 공로를 세운 뒤에 다시는 내세울 만한 공로가 별로 없다고 하여 대수로이 여기지 않는 이도 있으나, 신은 적이 그렇게 생각하지 않습니다. 너댓 해 안에 명나라 장수들은 화친을 주장하고, 일본을 신하국으로 봉하려는 일까지 생기어 우리나라 장수들은 그 틈에서 어찌할 길이 없으므로 이모가 다시 더 힘쓰지 못한 것도 실상은 그의 죄가 아니었습니다. 요즘 왜적들이 또 다시 쳐들어옴에 있어 이모가 미처 손쓰지 못한 것도 무슨 그럴만한 사연이 있을 것입니다.

대개 변방의 장수들이 한 번 움직이려고 하면 반드시 조정의 명령을 기다려야 되고, 장군 스스로선 제 마음대로 못하는 바, 왜적들이 바다를 건너오기 전에 조정에서 비밀히 내린 분부가 그때 전해졌는지 아닌지도 모를 일이며, 또 바다의 풍세가 좋았는지 아닌지, 뱃길도 편했는지 어쨌는지도 알 수 없는 일입니다.

그리고 수군들이 각기 담당한 구역이 있어 어쩔 수 없었던 사정은 이미 도체찰사의 장계에도 밝혀진 바 있거니와 군사들이 힘을 쓰지 못했던 것도 사정이 또한 그랬던 것인 만큼 모든 책임을 이모에게만 돌릴 수는 없습니다.

지난 장계 가운데 쓰인 사실이 허망함에 가까우므로 괴상하기는 하지만, 아마 그것은 아랫사람들의 과장한 말을 얻어들은 것 같으며, 그 속에 정확하지 못한 것들이 들어있지나 않은가 여기며, 만일 그렇지 않다면 이모가 정신병자가 아닌 이상 감히 그럴 수 있으리라고 신은 자못 풀어볼 길이 없습니다.

만약에 난리가 일어났던 첫 무렵에 공로를 적어 올린 장계가 낱낱이 사실대로 쓰지 않고 남의 공로를 탐내서 제 공로로 만들어 속였기 때문에 그로써 죄를 다스린다 하면 이모인들 또한 무슨 변명을 할 수 있겠습니까.

그러나 세상에 완전무결한 사람을 빼고는 저와 남이 상대할 적에 남보다 높고자 하는 마음을 품지 않은 자가 적고, 어름어름하는 동안에 잘못되는 일이 많으므로, 윗사람이 그 저지른 일의 크고 작음을 자세히 살펴서 경중을 따져 처리할 수밖에 없습니다.

대개 장수된 자는 군사와 백성들의 운명을 맡은 이와, 국가의 안위에 관계된 사람이라, 그들의 소중함이 이와 같으므로 예로부터 제왕들이 국방 책임을 맡기고 은전과 성의를 특별히 보여 큰 무엇이 있지 않으면 간곡히 보호하고 안전하게 하여 그 임무를 다하게 하니, 큰 뜻이 거기에 있습니다.

무릇 인재란 것은 나라의 보배이므로 비록 저 통역관이나 주판질하는 사람에 이르기까지라도 재주와 기술이 있기만 하면 모두 다 마땅히 사랑하고 아껴야 합니다. 하물며 장수의 재질을 가진 자로서 적을 막아내는 것과 가장 관계가 깊은 사람을 오직 법률에만 맡기고 조금도 용서 못함이 없을 수 있겠습니까.

이모는 참으로 장수의 재질이 있으며, 수륙전에도 못하는 일이 없으므로 이런 인물은 과연 쉽게 얻지 못할 뿐더러, 이는 변방 백성들의 촉망하는 바요, 왜적들이 무서워하고 있는데, 만일 죄명이 엄중하다는 이유로 조금도 용서해 줄 수가 없다 하고, 공로와 죄를 비겨볼 것도 묻지도 않고, 또 능력이 있고 없음도 생각지 않고, 게다가 사리를 살펴줄 겨를도 없이 끝내 큰 벌을 내리기까지 한다면 공이 있는 자도 스스로 더 내키지 않을 것이요, 능력이 있는 자도 스스로 더 애쓰지 않을 것입니다.

그러므로 비록 저 감정을 품은 원균 같은 사람까지도 편안하지 못할 것이며, 안팎의 인심이 이로 말미암아 해이해질까 봐 그게 실상 걱정스럽고 위태한 일이며, 부질없이 적들만 다행스럽게 여기게 될 것입니다.

일개 이모의 죽음은 실로 아깝지 않으나, 나라에 관계되는 것은 가볍지 않은 만큼 어찌 걱정할 만한 중대한 일이 아니겠습니까. 그러므로 옛날에도 장수는 갈지 않고 마침내 큰 공을 세우게 했던 바, 진나라 목공穆公이 맹명 장군에게 한 일과 같은 것이 실로 한둘이 아니거니와, 신은 구태여 먼데 사실을 따오고자 아니하고 다만 성상께서 하신 가까운 사실로써 말할지라도, 박명실이 한때의 명장인데 일찍 국법에 위촉되었으나 조정에서 특별히 그 죄를 용서해주었더니, 얼마 안 되어 충청도에 사변이 일어나 기축년 때보다 더한 바 있었는데, 명실이 나가 큰 변을 평정시켜 나라에 공로를 세운 것이야말로 허물을 용서하고 일을 할 수 있게 한 보람이 나타난 것입니다.

이제 이모는 사형을 받을 중죄를 지었으므로 죄명조차 극히 엄중함은 진실로 성상의 말씀과 같습니다. 이모도 공론이 지극히 엄중하고 형벌 또한 무서워 생명을 보전할 가망이 없는 것을 알고 있을 것입니다.

바라옵건대 은혜로운 하명으로써 문초를 덜어주셔서 그로 하여금 공로를 세워 스스로 보람 있게 하시면, 성상의 은혜를 천지부모와 같이 받들어 목숨을 걸고 갚으려는 마음이 반드시 저 명실 장군만 못지않을 것입니다.

성상 앞에서 나라를 다시 일으켜 공신각에 초상이 걸릴만한 일을 하는 신하들이 어찌 죄수 속에서 일어나지 않으리라고 하겠습니까.

그러므로 성상께서 장수를 거느리고 인재를 쓰는

길과 공로와 재능을 헤아려보는 법제와 허물을 고
쳐 스스로 새로워지는 길을 열어주심이 한꺼번에
이루어진다면, 성상의 난리를 평정하는 정치에 도
움됨이 어찌 옅다고만 하겠습니까.

[출처: 『만암, 역사이야기』(35), 2010.01.09.]

과연 심금을 울리는 명문장이다.
이러한 정탁의 신구차가 효력을 발휘하여 이순신은 죽음 직전
에서 풀려났다.
만약 이때 이순신이 죽었다면 우리 민족은 어찌 되었겠는가.
우리 민족을 위해 하늘이 그를 살려주신 것이다.

이때가 1597년 4월 1일.
옥에 들어간 지 27일 만이다.

이순신 친필: 삼척서천산하동색 (三尺誓天 山河動色)　일휘소탕혈염산하 (一揮掃蕩血染山河)

▲ 현충사에 소장되어 있는 이순신의 장검 (보물 제326호)

서울

오산

아산   천안

공주

장수의 소신에
따른 결과
─
백의종군

합천

임실

단성

구례   진주

하동

1597년 4월 1일

옥문을 나선 이순신은

도원수 권율 아래서 백의종군의 명을 받았다.

이때 이순신의 나이는 53세.

43세 때 녹둔도^{鹿屯島} 전투로 인해서 행한

백의종군 이래

두 번째의 백의종군이었다.

불의에 타협하지 않는 강직한 성품, 이렇게 이순신의 개인적 자질을 말할 수 있다. 그러나 군사적인 측면에서 보면 단순히 불의不義에 항거한 행동이라기보다 야전의 지휘관이 지닌 신념과 그에 배치하는 임금의 명령이 빚은 결과라고 볼 수 있다.

이순신은 거듭 말하지만, 냉철한 군사 전략가의 기질이 강하다. 죽음과 삶의 경계를 가르는 전쟁터에서 지휘관의 판단은 주변의 불필요한 요인들을 과감하게 배제해야 한다. 독립적인 판단에 의해 철저하게 승패의 갈림길에 서야 한다. 그런 장수로서의 완강한 신념 때문에 나타난 결과가 투옥과 고문, 그리고 백의종군이다.

군문軍門에 들어서 세 번이나 파직당하고, 그리고 십년 만에 두 번씩이나 백의종군을 하게 된 이순신. 그러나 그는 누구도 원망하지 않았고, 묵묵히 그가 가야한다고 생각하는 길을 걷고 있었다. 굴욕을 참고 큰 짐을 지는 인욕부중忍辱負重, 그가 왜 큰 그릇의 장수로서 지금까지 위대한 빛을 발하는지 설명하는 대목이다.

옥에서 나온 첫날의 일기에는 이렇게 적혀있다.

　　　　4월 초1일 신유. 맑음. 옥문을 나왔다. 남대문 밖

윤간의 종의 집에 이르니, 조카 봉, 분과 아들 울이 윤사행, 원경과 더불어 한방에 같이 앉아 오래도록 이야기했다. 지사 윤자신이 먼저 와서 위로하고 비변랑 이순지가 와서 만났다. 더해지는 슬픈 마음을 이길 길이 없었다……취하여 땀이 몸을 많이 적셨다.

경남 합천에 있는 권율의 도원수부로 가기 위해 이순신은 서울에서 나와서 인덕원, 오산, 평택을 거쳐 아산으로 내려오고 있었다.

그런데 바로 이때 이순신이 풀려나왔다는 소식을 듣고 어머니 변씨가 아들을 보러 여수 고음천에서 배를 타고 오다가 그만 기력이 쇠하여 배에서 세상을 떠났다.

이때 변씨의 나이는 83세.

이순신에게 있어서 어머니는 하늘과 같은 존재였다.

『난중일기』에는 아버지에 대한 언급은 다섯 번에 불과했지만 어머니에 대한 언급은 백한 번이나 될 만큼 어머니에 대한 효성은 지극했다.

> 아침에 흰 머리카락 여남은 올을 뽑았다. 그런데 흰 머리칼인들 어떠하랴마는 위로 늙으신 어머니가 계시기 때문이다.
>
> 1593년 6월 12일

> 촛불을 밝히고 홀로 앉아 나랏일을 생각하니 나도 모르게 눈물이 흘렀다. 또 여든 줄의 편찮으신 어머님이 마음에서 사라지지 않고 염려가 되어 밤을 지새운다.
>
> 1595년 1월 1일

어머님의 소식을 못들은 지 7일이나 되니 몹시 초
조하다.

1595년 5월 15일

병드신 어머님을 생각하니 눈물이 절로 난다. 종을
보내어 어머니의 안부를 물어오게 하였다.

1597년 4월 11일

어머니에 대한 마지막 언급을 한 지 이틀 후인 4월 13일 이순
신은 어머니가 사망했다는 소식을 들었던 것이다.

조금 있다가 종 순화가 배에서 와서 어머님의 부고
를 전했다. 뛰쳐나가 뛰며 뒹구니 하늘의 해조차
캄캄하다.

곧 게바위로 달려가니 배가 벌써 와 있었다. 애통
함을 다 적을 수가 없다(뒷날에 적다).

어머니를 만나고 올 때면 언제나 "어서 가서 나라의 원수를
크게 갚아라."고 하셨던 어머니였다. 이순신에게 어머니는 곧
나라였다.

게바위(蟹岩)유래

옛날에는 여기까지 강물이 흘러 배가 드나들었다. 임진왜란의 정유(西紀1597年) 재침시에 충무공 이순신 장군을 제거하려는 왜장의 계략에 속은 조정은 충무공을 적을 돕진 죄로 들어 이곳에 압송되었다.

충무공의 어머니 변(卞)씨 부인은 82세의 노구로 멀리 여수 고흥에서 이곳 이산을 향한 뱃길 도중에서 그만 운명 그래서 사월 영사를날 이곳 게바위에 닿았다.

때마침 백의종군 명을 받고 경상도 초계로 향하던중 공은 밤 밭에서 어머니를 기다리다 비보를 접하고 이곳으로 달려 왔다. 싸늘하게 식은 어머니의 시신을 안고 통곡하는 장군의 마음은 어떠했을까.

누란의 위기에 놓인 나라를 구한 불세출의 한 국인으로서 어머니에 효행을 다한 한 자식으로서 무공의 그 시미는 갔어도 역사는 남아 이 게바위의 어둠어 우리의 가슴을 울린다.

1986. 7. 15

아 산 군 수

▲ 아산군 인주면 해암리에 있는 게바위 기념비

▲ 어머니의 시신을 안고 통곡했던 게바위.
그때는 여기까지 물길이 있었다.

이순신은 게바위에서 어머니를 입관하고 사흘 후인 4월 16일에 배를 끌어 중방포로 옮겨 영구를 상여에 올려 싣고 집으로 돌아왔다. 이날의 일기다.

> ······ 찢어지는 듯 아픈 마음이야 어찌 다 말할 수 있으랴. 집에 와서 빈소를 차렸다. 비는 퍼붓고 남쪽으로 갈 날은 다가오니 호곡하며 다만 어서 죽었으면 할 따름이다.

이런 상황에서도 금오랑의 서리 이수영은 공주에서 도착해 **빨리 가자고 다그쳤다**(4.17일자 일기).

결국 이순신은 어머니의 시신을 거둔지 일주일만인 4월 19일에 변변찮은 장례조차 못하고 다시 남쪽 길로 백의종군을 떠났다.

> 일찍 길을 떠나며 어머니 영전에 울며 하직했다. 천지에 나 같은 운명이 어디에 또 있으랴! 일찍 죽느니만 못하다.
>
> (1597년 4월 19일)

전황은 불리해졌다
—
삼도수군의 전멸

이순신은 천안을 거쳐

공주, 논산, 익산, 삼례, 임실, 남원, 구례, 순천,

하동, 산청을 거쳐 6월 4일이 되어서야

도원수부가 있는

합천 초계 모여곡 毛汝谷에 당도했다.

고단한 두 달간의 여정이었다.

이순신은 자신의 처지가 생각할수록 기가 막혔다.

이때의 일기를 보자.

······어머니를 생각하니 슬퍼서 울며 밤늦도록 잠을
이루지 못했다.

7월 9일

······앉아서 날 새기를 기다리다가 정회를 스스로
억누르지 못해 통곡하며 보냈다······마음이 끓어올
라 밤이 깊도록 잠을 이루지 못했다.

7월 10일

1597년 7월 18일 새벽, 도원수 권율의 군관 이덕필과 변홍달
이 이순신의 숙소에 찾아왔다.

그리고 이순신을 대신하여 삼도수군통제사가 된 원균이 이끄
는 조선 수군이 칠천량에서 전멸했다는 소식을 전했다.

······16일 새벽에 수군이 대패했는데 통제사 원균,
전라우수사 이억기, 충청수사 최호 및 여러 장수
와 많은 사람들이 해를 입었다. 통곡함을 참지
못했다.

▲ 원균이 참패해 조선 수군이 몰락했던 칠천량 (출처: 한국여행작가협회)

지금까지 단 한 번도 진 적이 없었던 조선 수군이었다.
이순신이 지휘하는 동안 단 한 번도 지지 않았다.

134척의 대 함대 조선 수군이
일본 수군에 의해 전멸되었다.

장수는 결과로 말한다. 과정은 별 의미가 없다.

비록 조정에서 원균을 강제로 내보냈다고는 하지만 원균에게는 이에 맞설 수 있는 전략이 부재했다.

원균은 본래 육전에 강한 사람이었다. 북방에서 근무할 때 오랑캐를 상대로 백전백승했던 인물이다. 훌륭한 장수였다. 그런데 본인이 욕심을 내 바다로 왔다. 더구나 임진왜란 불과 2개월 전에 경상우수사로 부임했으니 그가 어찌 바다의 생리를 알 수 있었으랴!

인재를 그 사람이 필요한 곳에 정확하게 배치하는 적재적소適材適所는 그래서 중요하다. 그는 그가 있어야 할 자리에 없었고, 그가 없어야 할 자리에 있었던 것이다. 원균의 비극은 바로 여기에 있었다.

국가리더십의 과오, 그리고 본인의 과오가 동시에 작용했다.

이순신은 가슴이 터질 듯한 심사를 한 편의 시로 적었다.

강산은 참혹한 꼴 그냥 그대로   山河猶帶慘
물고기 날새들도 슬피 우노나   魚鳥亦吟悲
나라는 허둥지둥 어지럽건만   國有蒼黃勢
바로잡아 세울 이 아무도 없네   人無任轉危

전세戰勢를
자세히 살피다
—
연안 대장정

상황이 다급해지자
도원수 권율이 찾아와서

이순신에게 대책을 물었다.
아침 10시가 되도록 침묵 속에 있다가
이순신이 입을 열었다.

"내가 직접 연해안 지방을 돌아서
보고, 듣고, 또 조사한 후에
방책을 강구해보겠습니다."

이리하여 7월 18일 이순신은 송대립, 유황, 윤선각 등 군관 9명, 그리고 군사 6명과 함께 합천 초계를 출발해 연안 대장정을 했다.

이순신은 7월 21일 낮 12시에 곤양에 도착했고, 오후에 노량에 이르러 드디어 패잔 전선 12척을 확인했다. 불행 중 다행으로 도망치던 경상우수사 배설이 12척을 몰고 나온 것이다.

경상우수사 배설은 어디로 갔는지 보이지 않았고, 우후 이의득이 와서 "대장^{원균}이 적을 보고 먼저 달아나서 이렇게 되었다."고 했다.

이날 저녁 거제현령 안위의 배 위에서 자면서 얘기를 했는데 새벽 3시가 되도록 전혀 눈을 붙이지 못해 눈병이 생겼다.

다음 날 22일에 배설이 이순신에게 와서 원균이 도망하게 된 배경을 말했다.

이즈음 조정에서는 이순신을 삼도수군통제사로 재임명했다.

7월 23일부였다. 다른 대안이 없었기 때문이다.

▼ 이순신의 남해 대장정: 7월 18일부터 8월 19일까지 약 한 달간 610km를 이동했다.

옥과

원계리

초계

보성

장흥

회진면
(회령포)

남해도

전쟁 채비를
갖추다
—
다시 삼도
수군통제사로

7월 27일에는

정개산성 건너편에 있는

손경례의 집_{진주시 수곡면 원계리 318번지}에 머물렀다.

이순신은 자신이 삼도수군통제사로

재임명된 것도 모르고

손경례의 집 앞에 있는 넓은 풀밭에서

도원수 권율이 보낸 군사들에게 군사훈련을 시켰다.

이순신은 어떤 환경에서도 전쟁을 준비했다. 7월 29일자 『난중일기』에 보면 이렇게 적혀있다.

냇가로 나가 군사를 점검하고 말을 달렸는데 원수가 보낸 군대는 모두 말이 없고 활에 화살도 없으니 소용없었다. 탄식할 일이다.

◀ 삼도수군통제사재임명기념비석

▼ 5일을 머무는 동안 삼도수군통제사로 재임명을 받은 손경례의 집. 지방기념물 제16호로 지정되어 후손이 관리하고 있다.

말도 무기도 제대로 갖추지 못한 오합지졸의 군사들을 훈련시키면서 이순신의 탄식은 더해갔다.

8월 3일 이른 아침에 선전관 양호가 조정이 이순신을 삼도수군통제사로 재임명한다는 유서를 가지고 왔다. 7월 23일 조정에서 결정한 지 9일이 지난 시점이다. 내려오는 시간이 필요했기 때문이다.

> 아! 국가가 의지하여 보장받은 것은 우리 수군뿐이었건만 하늘이 아직도 화내림을 후회하지 않는지 흉적의 칼날이 다시 번득여 마침내 삼도의 대군을 한 싸움에 다 없애 버렸도다……

> 오로지 경은 일찍이 발탁되어 수사로 임명하던 날부터 이름이 드러나고……이제 특별히 복권하고 복상 중에 뽑아내어 백의종군으로부터 충청, 전라, 경상 등 삼도의 수군통제사로 제수하노라……

이순신은 거적을 깔고 네 번이나 임금을 향해 절을 한 뒤에 잘 받았다는 서장을 써서 봉했다. 원망이나 그 어떤 감정도 없었다. 오직 그가 치를 전쟁을 생각했다.

서장을 보낸 후에 이순신은 곧장 자리를 털고 일어나 두치^{하동}^{읍 두곡리}로 장정을 떠났다.

8월 9일에 낙안^{순천시 낙안읍}에 이르니 마을은 불타 있었고, 늙은 할아버지들이 길가에 늘어서서 이순신에게 술병을 다투어 바쳤다. 받지 않으려하자 울면서 억지로 권했다.

8월 14일 오후에는 어사 임몽정을 만나기 위해 보성에 갔다. 보성에 도착했을 때는 120여 명의 군사를 모을 수 있었다.

이순신은 이 날 열선루^{列仙樓}에서 잠을 잤다. 열선루는 최대성 장군의 군영에 속해 있었다. 오늘날은 보성군청 북편에 자리 잡고 있으며 보성교회로 개축되면서 그 흔적은 사라졌다.

그런데 다음 날 8월 15일은 이순신에 있어서 잊지 못할 날이다. 열선루에 앉아 있을 때 선전관 박천봉이 와서 임금이 내린 명령을 전했다.

이순신을 비록 삼도수군통제사로 임명은 했지만 조선 수군이 일본 수군에 대항할 능력이 없다고 판단하고 '수군을 없애고 육전에 참가하라'는 내용이었다.

시조정 이주수심단 불가어적 명공육전
時朝廷 以舟帥甚單 不可禦賊 命公陸戰

『이충무공전서 권9 부록1 행록1』

이른바 수군철폐령이었다. 그러나 이순신의 판단은 달랐다.
수군을 철폐한다는 조정의 판단은 잘못이다. 왜군의 약점을
알고, 그들의 장점을 함께 살피며, 그러면서도 적을 상대해
누전누승累戰累勝을 거뒀던 명장 이순신이었다.

냉철한 군사전략가의 입장에서 볼 때 조선의 수군은 전쟁의
판도를 바꿀 수 있는 희망이었다.

또 다른 항명
—
"신에게는 아직도…"

정신을 가다듬은 이순신은
그 유명한 장계를 올렸다.

군사 전략가로서 전쟁의 판도를 읽는 이순신의
안목이 읽혀지는 대목이다.

임진왜란이 터진 이래 5~6년간 적이 감히 호남과
호서에 쳐들어오지 못한 이유는 우리나라 수군이
적의 수군을 막았기 때문입니다.

지금 신에게는 아직도 12척의 전선이 있으므로
죽을 힘을 다해 싸우면 적의 진격을 막을 수 있
습니다.

만일 지금 수군을 폐하시면 적이 바라는 대로 되
는 것이며, 전하의 적들은 호남과 호서의 연해안을
돌아 한강으로 들어가 전하에게로 갈 것이므로,
신은 이것을 두려워하지 않을 수 없습니다. 전선의
수가 적고 미미한 신하에 불과하지만, 신의 몸이
아직 살아 있는 한 적이 감히 우리를 얕보지는 못
할 것입니다.

"지금 신에게는 아직도 12척의 전선이 있습니다."

(今臣戰船尙有十二)

"신의 몸이 아직 살아 있는 한 적이 감히 우리를 얕보지는
못할 것입니다."

역시 이순신이다.

조정에서는 슬그머니 수군철폐령을 거둬들였다. 이날 8월 15
일 음력 대보름, 종일 비가 오더니 늦게 개었다. 임금은 수군
을 버리라 했고, 보성 일대의 전쟁준비는 엉망이다. 또한 곧
일본군이 쳐들어온다는 소문에 관아와 민가는 텅 비어 있었
다. 이순신은 착잡한 마음을 가눌 수 없었다. 이날의 일기다.

　　　비 오다가 저녁 나절에 개었다. 열선루 위에 앉아
　　　있으니 선전관 박천봉이 임금의 분부를 가지고 왔
　　　다. 곧 받들어 받았다는 장계를 썼다. 보성의 군기
　　　(軍旗)를 검열하여 네 말에 나누어 실었다.

이순신은 마음을 달랠 길 없어 홀로 열선루에 올랐다. 이순
신은 비록 몸은 보성에 와 있지만 한산도를 그리는 시를 읊
는다. 그 유명한 「한산도가閑山島歌」다.

한산섬 달 밝은 밤에
수루에 올라 큰 칼 옆에 차고
깊은 시름 하던 차에 어디선가
들려오는 피리소리 나의 애를 끊나니

한산도월명야　　　寒山島月明夜
상수루무대도　　　上戍樓撫大刀
심수시하처　　　　深愁時何處
일성강적경첨수　　一聲羌笛更添愁

새 번역

한산섬 달 밝은 밤에
수루에 올라 큰 칼 어루만지며
깊은 시름 하는 차에 어디선가
들려오는 피리소리 이내 시름 더해주네.

한산도가 ▶
(출처: 브레이크뉴스)

이순신은 이 시를 짓고 그 끝에 정유^{丁酉} 중추^{仲秋}를 적어 그 시기를 밝혔다. 이듬해 이순신은 이 시를 담은 편지를 순국 하루 전날^{1598년 11월18일} 명나라 수군제독 진린에게 보낸다. '진도독합하^{陳都督閤下}'라고 서신의 제목을 붙이고, 끝부분에 '정유중추이순신음^{丁酉仲秋李舜臣吟}'이라고 적는다. 정유 추석에 이순신이 읊은 시라는 뜻이다.

시의 제목은 '한산도가^{閑山島歌}'지만 첫 글귀는 '한산도^{寒山島}'로 되어 있다.

이순신은 그동안 조선을 지켜나가는 데 중요한 역할을 했던 한산도 쪽을 바라보며 쓸쓸한 마음으로 본래 글자인 '한가로울 한^閑' 자가 아닌 '찰 한^寒' 자를 썼을 것이다. 어찌하여 나라가 이 지경까지 갔단 말인가! 언제 다시 한산도를 찾을 수 있을 것인가!

비탄^{悲嘆}만이 새어 나올 수 있는 상황임에 분명하지만, 이순신은 그곳에서 다시 전략을 가다듬고 있었다. 그는 이 전쟁의 결정적인 승부처를 바다로 보고 있었던 것이다. 조선 수군이 지닌 판옥선의 근접전 능력, 그리고 상대에 비해 우수한 총포의 힘을 잘 알고 있었다.

상대를 알고, 나를 알면 어떤 결과가 나오는가.

지피지기知彼知己의 가르침은 그래서 중요하다. 내가 지닌 장단長短, 상대가 지닌 장점과 약점을 알면 전략의 틀이 만들어진다.

조선은 수군에서 강했으나, 원균이 이끈 전쟁에서 삼도수군이 절멸絶滅의 상황을 맞았다. 그래도 남은 것은 함선 12척. 좌절할 상황임에는 맞지만, 그래도 전쟁의 판도는 바다에서 갈라질 게 뻔했다.

그럼에도 조정은 수군을 철폐한다고 했다. 이에 반대하는 장계를 다시 올리는 이순신의 마음은 어땠을까. 그렇지 않아도 조정은 그를 곱게 보지 않고 있었다. 투옥 뒤 백의종군을 한 것도 그런 임금과 조정의 명령을 거역했기 때문이다.

그 풍파가 지나간 직후 삼도수군통제사에 임명되자마자 올리는 장계에 다시 조정의 뜻을 반박하는 내용이 담겨 있다면?

그래도 이순신은 군사 전략가로서의 자신이 지닌 판단에 충실했다. 그는 흔들림 없는 군인이자, 장수이자, 전략가였다. 대의와 명분에 맞춰 자신의 뜻을 하나로 이어가는 게 충忠이다.

전쟁의 상황을 제대로 파악하지 못하고 있는 임금과 조정이 내리는 명령에 고분고분하게, 어리석게, 어쩌면 재치 있게, 누이 좋고 매부 좋다는 식으로 따르는 게 충이 아니다.

한산섬 달 밝은 밤에 수루에 혼자 앉아
큰 칼 옆에 차고 깊은 시름 하는 차에
어디서 일성 호가는 남의 애를 끊나니

▲ 한산도 수루에 걸려있는 「한산도가」, 그러나 맞지 않다.

함선 12척만 남았어도 결전決戰의 뜻을 불사르는 이순신의 긍정을 향한 열정도 눈에 띄지만, 그는 그런 마음만을 믿고 따르는 사람은 아니다. 전쟁의 판도를 읽는 냉철한 눈, 국면 전환의 길목을 살피는 예리한 군사 전략가로서의 안목이 그에게는 있었던 것이다.

7월 18일 합천 초계를 떠나 연안 장정에 오른 이순신은 그동안 손경례의 집까지 15일 동안 무려 280km를 돌았다.

8월 3일 삼도수군통제사로 재임명된 후에 다시 15일 동안 약 330km를 돌아 8월 18일 회령포에 이르며 부족한 병력과 물자와 장비를 모았다.

이순신이 지나간 자리는 일본군이 바짝 뒤쫓아 오면서 이순신 일행을 잡으려 했다. 두치에서는 반나절 차이로 피하기도 했다.

일본 수군이 약 한 달 동안 잠시 주춤하는 사이 이순신은 그 한 달의 시간을 이용해서 부지런히 육지를 달리며 전쟁 준비를 한 것이다.

사람들이 몰려들었다.
사방에서 몰려들었다.

이순신의 이름을 듣고 몰려들었다.
이순신 밑이라면 목숨을 바치겠다고 몰려들었다.

마하수와 같이 아들과 함께 자원해서 온 경우도 있었다.
이것이 바로 이순신이 평소에 보여준 절대적인 신뢰 리더십이었다. 이때 모인 병력은 적어도 12척의 판옥선을 움직일 2천여 명^{필자 추정}은 되었고, 한 달 이상의 군량과 많은 무기도 모을 수 있었다.

이순신의 명망^{名望}, 그 실체는 무엇이었을까. 모두가 적에게 나가 떨어지는 전국^{戰局}이었다. 오로지 이순신만이 거듭 싸워 거듭 적에게 이기는 상승^{常勝}의 장군이었다.

적이 들어오면 내가 지닌 것, 그리고 나는 물론이고 사랑하는 가족의 목숨까지 모두 빼앗기는 존재가 백성들이었다. 그런 그들의 귀에 '이순신 장군'의 이름은 얼마나 큰 소리로 들렸을까. 묻지 않아도 알 수 있는 불문가지^{不問可知}다.

이순신의 그런 명망은 백성들의 신뢰로 이어질 수밖에 없다. 모두가 쪼개지고 흩어지는 전쟁터에서 이순신의 출현만으로 그런 병력과 군량이 모여든다고 하는 것은 기적이 아니다.

침략해온 적에게 맞서 제 권력의 더미만을 생각하는 조정의 무력한 정치인들과는 달리, 제 생존을 위해 더 힘들게 버텨야 하는 백성들의 눈은 절대적으로 신뢰할 만한 이 튼튼한 야전의 명장에게 쏠리고 있었던 것이다.

한반도의 아주 질긴 생명력의 뿌리, 이 땅 위의 백성들은 자신들이 그나마 보존하고 있던 역량을 위기의 한복판에서 다시 솟아나온 전쟁 영웅에 쏟아 부으며 다시 모여들고 있었던 것이다.

배수의 진
–
벼랑
끝으로 가다

이순신은 열악한 여건에서

그가 할 수 있는 모든 준비를 갖추었다.
그가 할 수 있는 최선을 다한 것이다.
드디어 8월 19일 회령포에서
여러 장수들을 모아놓고
삼도수군통제사 취임식을 했다.

이때 이순신은
임금이 내린 교서를 보이며 말했다.

우리들이 지금 임금의 명령을 다 같이 받들었으니 의리상 같이 죽는 것이 마땅하도다. 그렇지만 사태가 이 지경에 이르렀으니 한 번 죽음으로써 나라에 보답하는 것이 무엇이 그리 아깝겠는가. 오직 우리에게는 죽음만이 있을 뿐이다.『행록』

결의에 찬 이순신의 다짐에 모두들 숙연했고 어떤 이들은 눈물을 훔쳤다.

『행록』에는 이때 이순신이 전라우수사 김억추를 불러 병선兵船을 거두어 모으게 하고, 또 여러 장수에게 분부하여 "전선을 거북배로 꾸며서 군세를 돋우도록 하라"고 기록하고 있다.

그런데 후일 명량대첩의 상황을 분석해볼 때, 당시엔 거북선으로 꾸미지는 못했다.

일본 역사학자들은 바로 이 기록에 근거해서 당시에 이순신의 전선은 모두 거북선이라고 주장하기도 했다. 물론 잘못된 것이다.

이순신은 취임식을 한 다음 날인 8월 20일 회령포에서 서쪽으로 약 38km 떨어진 이진으로 진을 옮겼다.

이진으로 진을 옮긴 그날 새벽 두 시에 곽란음식에 체하여 토하고 설사하는 급성 위장병으로 고통을 받았다. 이순신은 배를 차게 해서 그런가하여 속을 데워줄 소주를 마셨는데, 그만 인사불성이 되어 거의 죽을 지경까지 갔다. 심지어 이날은 대변도 보지 못했다.

그동안 너무 무리한 것이다. 이순신은 한 번도 배를 떠나지 않았다가 23일에 어쩔 수 없이 배에서 내려 조리를 했다.

이순신에게는 일본군이라는 외부의 적도 있었지만, 자신의 육체를 갉아먹는 극심한 피로와 스트레스 그리고 각종 질병이라는 내부의 적이 항상 따라다녔다. 이순신의 몸이 급격하게 나빠지기 시작한 때는 사천해전을 치루면서 진두에 서서 지휘하다가 적의 총탄에 맞고 난 뒤부터였다. 이때 상처는 너무 깊어 어깨뼈까지 들어갔다.

사천해전 후 2~3개월이 지난 1592년 7~8월경에 썼던 것으로 추정되는 편지에는 이렇게 적혀있다.

> ……먼저 시석(화살과 돌)을 무릅쓰고 나갔다가 적의 탄환을 맞은 자리가 심하였고 비록 죽을 만큼 다치지는 않았으나 어깨뼈까지 깊이 다쳐 더러운

물이 줄줄 흘러 아직도 옷을 입을 수 없으며, 온갖 약으로 치료하지만 아직 별로 차도가 없습니다……

이 점을 두고 볼 때 그는 가장 위험한 곳에서, 가장 앞에 서서 싸우는 리더십을 지녔다. 장수의 위치는 현장이다. 몸은 싸움이 붙는 전선에 반드시 나가 있지 않더라도, 늘 그곳을 살피고 헤아리며 확인하는 마음이 있어야 한다.

다급하면 그 현장에 몸을 나타내 지휘를 해야 한다. 싸움이 붙는 현장에서 한 치도 떨어지지 않는 그 자세와 마음가짐이 바로 진두지휘(陣頭指揮)다. 싸움을 이끄는 장수로서 그가 지닌 특성은 명량대첩의 결전 대목에서 극명하게 드러난다.

그러나 이순신의 적은 다양했다. 몸속의 병도 그를 괴롭혔지만, 그의 마음을 괴롭힌 것은 다른 존재다. 바로 선조 이연을 비롯한 윤근수, 윤두수 등의 무리배들이다. 이들은 끝없이 이순신을 시기했고 미워했고 괴롭혔다. 도와주지는 못할망정 너무나 힘들게 했다.

하늘같았던 어머니도 죽고, 몸도 아프고, 임금도 미워하고, 일본군은 마지막 일전을 두고 점점 가까이 오고 있고……그야말로 최악의 상황에서 이순신은 명량해전을 맞게 된다.

나빠도 이보다 더 나쁠 수가 있을까?

이순신은 함대를 벼랑 끝으로 몰고 갔다. 바로 울돌목! 더 이상 물러설 곳이 없는 곳, 벼랑 끝.

왜 이순신은 울돌목을 최후의 결전장으로 삼았는가?

진도 울돌목은 천혜의 전략적 요충지다. 그동안 이순신은 거제도를 중심으로 싸웠다. 거의 모든 전쟁이 거제도를 중심으로 이루어졌고 단 한 번도 그 아래 지역으로 일본군을 허용하지 않았다. 거제도에는 특히 견내량이 있다.

견내량은 좁은 목으로 일본군을 유인해서 격멸하기에 적격이다. 그래서 그 유명한 한산대첩이 이곳에서 이루어졌다. 그런데 견내량을 일본군에게 빼앗겼다. 원균이 이곳 주변에서 섬멸당했기 때문이다.

그렇다면 남해안 전체에서 어디를 막아야 할 것인가. 바로 명량, 울돌목이었다! 울돌목의 좁은 목을 막는 것만이 적은 숫자의 배로 많은 적들을 막을 수 있는 유일한 방법이다.

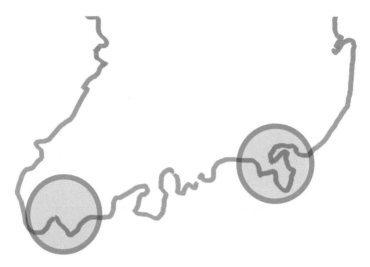

▲ 남해안의 전략적 병목인 울돌목과 견내량

벼랑 끝을 택한 이순신의 전략은
두 가지로 설명할 수 있다.

첫째는, 좁은 목을 가로 막아 적을 축차적으로 유입하는 것
이다. 즉 미리 울돌목을 점령해서 기다리고 있다가, 많은 적선
이 좁은 목 때문에 한꺼번에 들어오지 못하고 나누어 진입할
때 이들 소수 집단을 하나씩 각개로 격파하려는 것이다.

이러한 병법은 『손자병법』 제6 허실편에 나오는 '적수중가사

무투敵雖衆可使無鬪', 즉 '비록 적이 많아도 가히 싸울 수 없도록 한다'는 고차원적인 전략이다.

둘째는, 벼랑 끝 전술로 결사의 태세를 조성하는 것이다. 사람이 막다른 골목에 몰리면 젖먹던 힘까지 발휘하게 된다. 적은 수로 많은 적을 상대하게 될 때는 바로 이런 결사의 마음가짐이 필요하다.

이를 『손자병법』 제11 구지편에서는 '투지망지 연후존投之亡地然後存' '함지사지 연후생陷之死地然後生'이라고 한다. 즉 '죽을 땅에 던져 넣어야 살아남을 길이 열리고, 죽음의 땅에 몰아넣어야 살 길이 열린다'는 뜻이다. 이순신이 우리나라의 땅 끝, 그 벼랑 끝에 서서 싸움을 하려함에는 이런 깊은 전략이 숨어 있었다. 그래서 이순신은 마지막 승부수를 위해 나머지 지역은 과감히 버렸다.

정말 중요한 것을 위해 덜 중요한 것을 미련 없이 버리는 것이다. 이것이 바로 이순신의 탁월함이다. 적에게 끌려가지 않고 내가 적을 끌고 가겠다는 당당함이다. 비록 형세는 불리하지만 주도권만큼은 내가 쥐고 있겠다는 것이다.

이것이 『손자병법』 제6 허실편의 '치인이불치어인致人而不致於人' 즉 '내가 적을 끌고 가되 적에게 끌려가지 않는다'고 하는 전략이 아닌가.

24일에 어란 앞바다에 이르렀다.

25일에는 당포에 사는 어부가 소를 훔쳐 끌고 가면서 "적이 쳐들어 왔다"고 헛소문을 냈기에 이순신은 그 사람을 잡아 목을 베었다. 이 때문에 민심이 크게 안정되었다.

이순신은 엄할 때는 이렇게 무섭게 엄했다. 승리에 방해되는 요소는 철저히 근절시켜 나갔다. 임금의 명령에도 굴하지 않는 냉철한 지휘관이었다. 오로지 이기느냐 지느냐를 따지는 엄정한 군사 전략가, 그래서 모든 에너지와 신경을 한곳에 쏟는 무서운 집중력의 소유자였다.

▼ 회령포(회진포)에서 이진, 어란포, 벽파진, 우수영으로의 이동로
 우직지계(迂直之計), 돌아가는 듯 하지만 결국에는 빨리 가는 계략이다.

자신감 회복 전략

이순신은 부하들에게

지금 무엇이 가장 필요한 것인가를 알았다.
그것은 다름 아닌 자신감이었다.
칠천량해전에서 조선 수군이 패할 때
그야말로 지옥 같은 광경을
눈으로 봤고 경험했던 수군들이다.

얼마나 그 장면이 지옥 같았으면 이순신과 함께 승리를 일구었던 그 용감하고 충직했던 장군 전라우수사 이억기는 분통해하며 배에서 뛰어내려 자결을 했겠는가!

조선 수군은 맥이 다 빠져버렸다. 패배의식에 사로잡혔다. 다시 일본군을 상대하려니 자신감이 없었다.

그런데 이순신은 이것을 잘 알았다.

가장 필요한 것은 일본군과 싸우면
또다시 이길 수 있다는 자신감 회복이다.
무엇보다도 이순신과 함께하면
반드시 이길 수 있다는 자신감이다.

그래서 이순신은 작은 싸움도 놓치지 않고 반드시 이기는 습관을 길러주는 전략에 들어갔다. 공간을 양보하면서 자신감을 키워가는 전략이다. 이순신은 바로 이러한 과정에서 적을 만나 싸워 이김으로써 자신감을 회복시키는 전략을 시도했다.

8월 26일 오후 늦게 말을 타고 달려온 임준영任俊英으로부터 일본 수군이 이진에 도착했다는 최초의 보고를 받았다.

이틀 후인 28일, 아침 6시경에 8척의 일본 전선이 갑자기 습격해왔다. 일본 전선을 처음 본 조선수군들은 겁을 먹었고, 경상우수사 배설은 피하여 물러나려 했다.

이순신은 오히려 이런 기회를 노렸다.
꼼짝도 하지 않고 호각을 불고 깃발을 휘두르며
따라잡도록 명령했다.
적선은 뒤로 물러갔는데 이들을 뒤쫓아
갈두(해남군 송지면 갈두)까지 갔다가 돌아왔다.
이것이 어란포해전이다.

어란포 ▼

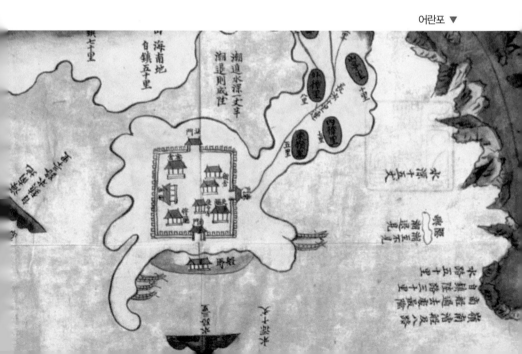

부하들은 과연 이순신과 함께 싸우니 이길 수 있다는 것을 확인했다. 이날 이순신은 함대를 장도^{노루섬}로 옮겼다.

8월 29일에는 벽파진^{진도군 고군면 벽파리}으로 이동했다.

이제 명량^{鳴梁}해협의 입구에 온 것이다. 이순신은 이곳에서 16일을 지내면서 정탐을 보내 적정을 살피고 전투를 준비한다.

부하들 앞에서 강했던 이순신. 그러나 혼자 있을 때 자주 머리를 가슴 안으로 웅크리고 있었다. 심사가 어지러웠기 때문이다.

> 비가 뿌렸다. 배의 뜸거적^{지붕} 아래에서 머리를 웅크리고 앉아 있으니 그 심사가 어떠하겠는가.
>
> (9월 3일, 명량대첩 13일 전)

9월 7일 오전 일찍 탐망 군관으로부터 일본 함대 일부가 어란 앞바다에 도달한 사실을 보고 받았다. 바로 이날 오후 4시에 일본 전선 31척이 이순신 함대를 향해 접근해왔다.

이순신은 즉시 닻을 올리고 이들을 추격하니 멀리 도망갔다. 이순신은 그날 낌새가 이상해서 장수들을 모아놓고 명령했다.

▲ 벽파진

"오늘 밤에는 반드시 적의 야습이 있을 것이다. 미리 알아서 준비를 해라. 조금이라도 군령을 어기는 일이 있으면 군법대로 사형할 것이다."

역시 이순신의 예상은 적중했다.

바로 천재적인 직관력이었다.

그날 밤 10시에 숫자는 정확하지 않지만 수척의 전선이 총을 쏘면서 공격해왔다. 이순신은 만반의 준비를 갖추어 두었기 때문에 곧 이들을 물리칠 수 있었다. 과연 이순신과 함께 하면 반드시 이길 수 있다는 자신감이 생겼다.

이것이 벽파진해전이다.

일본군은 이렇게 두 차례에 걸쳐 공격을 해왔다. 그러나 결과적으로는 그 모두가 이순신을 도와주는 셈이었다.

이제 이순신의 부하들은 자신감을 회복했다. 이순신과 함께 싸우면 반드시 이긴다는 확신을 가지게 되었다.

◀ 벽파진 정상에 있는 거북비석

『손자병법』 제2 작전편에 보면 '승적이익강勝敵而益强' 즉 '적을 이김으로써 더욱 강해진다'는 내용이 있다. 『손자병법』에 통달했던 이순신은 바로 이 병법으로 부하들의 자신감을 회복시켰던 것이다. 과연 탁월한 전략이 아닐 수 없다.

『손자병법』 제6 허실편에 보면 '승지형勝之形'과 '제승지형制勝之形'이라는 어려운 말이 나온다.

승지형勝之形은 싸움에서 적을 꺾고 승리할 때 겉으로 드러난 현장의 모습과 조건들을 말한다. 제승지형制勝之形은 그러한 승리를 이루기 위해 사전에 만들어 나갔던 은밀한 여러 조치들을 말한다. 그래서 보통의 사람들은 겉으로 드러난 승지형만 알 수 있을 뿐이고, 숨어 있는 제승지형은 알지 못한다.

병법에서 이 형形이 담고 있는 뜻은 매우 중요하다. 승패가 갈리는 여러 가지 조건들을 모두 포괄하는 단어다. 그것이 펼쳐지는 게 세勢다. 조건들이 성숙해 현실로 도저하게 나타나는 게 그래서 형세形勢다.

따라서 이순신이 싸움을 펼쳐가면서 손자가 말했던 이 형을 어떻게 다루고 있는지를 잘 살펴야 한다. 형을 살피고, 유리한 조건을 먼저 만들어가는 게 제승지형이다.

이순신은 언제나 미리 앞일을 헤아려 차원 높은 제승지형을

▲ 한산도 제승당의 현판. 이순신의 제승 전략을 잘 보여주고 있다.

이순신대학 불패학과 명량대첩

해나갔다. 그래서 사람들은 그가 승리했을 때 얼마나 위대한 전략으로 승리했는지를 잘 모르고 그저 승리한 그 모습만 알 뿐이다.

이순신이 작전사령부로 사용했던 운주당運籌堂이 그 후에 제승당制勝堂으로 이름이 바뀐 것은 이런 점에서 보면 상당히 타당하다고 하겠다. '운주'는 셈 가지를 먼저 움직여 보는 행위다. 병력을 동원해 싸움을 벌이기 전 모든 것을 조직하고 따져보는 전선 지휘관의 책략(策略)을 말한다.

장수의 장막帷幄에서 책략을 구성하는 행위, 운주유악運籌帷幄이라는 성어가 그래서 등장했다. 따라서 운주는 제승과 동의어다. 이순신은 이 점에서 다른 어느 누구보다 충실했다.

일본 수군은 이순신을 바짝 뒤쫓아 오고 있었다. 먼 바다로 돌아서 우회할 수는 없었는가? 만약 그렇게 했다면 이순신의 전략은 먹힐 수가 없었다.

그래서 이순신은 이들을 교묘하게 유인했다. 일본 수군 입장에서도 멀리 돌아가면 바닷길에 익숙하지 못해 위험해진다. 바다를 낀 가까운 육지를 따라 갈 수밖에 없다. 그리고 이순신이 알게 모르게 자기들을 끌어가고 있지 않은가!

사활을 걸다

—

울돌목의 먹구름

우수영

양도

울돌목

▲ 이순신은 울돌목을 넘어 우수영으로 갔다.

명량대첩 5일 전인

9월 11일,
이순신은 어머니 생각에
혼자 배 위에 앉아서 눈물을 흘렸다.
이날의 일기다.

이 세상에 나와 같이 외로운 사람이
어디에 또 있을까 ……

그 다음 날에도 어지러운 심회를 걷잡을 수 없어서 일기에 적었다.

> 종일 비가 뿌렸다.
> 배의 뜸 아래에서 심회를 걷잡을 수가 없었다.
> (9월 12일, 명량대첩 4일전)

9월 13일(명량대첩 3일 전), 이순신은 이상한 꿈을 꾸었다. 이날의 일기다.

> 꿈이 이상스러웠다.
> 임진년에 크게 승리할 때의 꿈과 대체로
> 같았다. 무슨 조짐인지 모르겠다.

분명히 이날의 꿈은 3일 후에 있을 명량 해전을 예시한 것이다. 꿈의 사람 이순신, 『난중일기』에는 40회의 꿈 이야기가 적혀 있다. 꼭 무슨 큰일을 앞둘 때면 꿈에 먼저 나타나는 경우가 많았다.

9월 14일(명량대첩 2일 전). 벽파진 맞은편에서 정탐을 하고 있던 임준영의 보고에 따

르면, 적선이 이미 200여척에 이르고, 이들 중에 55척이 어란 앞바다까지 들어왔다는 것이다. 어란포는 현재 벽파진 위치에서 27㎞ 떨어진 곳이다.

또한 임준영에 의하면 일본 배에 포로가 되었다가 도망 나온 김중걸이 말하기를, 왜놈들이 각 처의 배를 모아 합세하여 조선 수군을 섬멸하고 곧장 서울로 올라가자고 말했다는 것이다.

이에 이순신은 벽파진에서 울돌목을 지나 그 안쪽에 있는 전라우수영 지역으로 전선들을 옮겼다.

▼ 오늘날 진도대교가 놓여있는 울돌목

숫자가 적은 수군으로서 명량을 등에 지고
진을 칠 수 없기 때문이라고
이순신은 이날 일기에 적었다.

이때가 9월 15일.
명량대첩 바로 하루 전의 일이다.

울돌목은 진도와 화원반도 사이의 해협으로, 수로의 길이가
약 2km에 달한다. 가장 좁은 목은 폭이 약 330m이고 수심
은 얕은 곳이 약 1.9m에 불과하다. 암초가 많으며, 가장 좁
은 목에서는 양안의 돌출된 암초 사이의 폭이 불과 120m 정
도이다.

조류의 속도는 1973년 대한민국 수로국에서 작성한 해도에
의하면 평균이 6.7노트^{시속 약 12km}이며 가장 강한 곳이 남동류
일 때 11.6노트^{시속 약 21.5km}까지 기록되어 있다. 물살이 거세기
로 유명한 해역인 셈이다.

10리나 20리 밖에서도 우는 소리를 듣는다 해서 울돌목 혹
은 울두목이라 했는데, 한문으로 표현하면 명량^{鳴梁}이다.

죽고자 하면
살 것이다

이순신은 12척의 함대를

우수영 앞바다에 정박시켰다.
이제 점점 결정적인 시간이 다가오고 있었다.
일본 수군의 입장에서는 이번 전쟁이
마지막 전쟁이 되리라고 기대했을 것이다.
그동안은 이순신 때문에 어쩔 수 없었다.
그런데 이순신이 옥에 갇혔고,
백의종군을 했고,
그리고 지금은 아무 힘도 없다.
조선 수군도 칠천량에서 완전히 섬멸했다.

설사 이순신이 겨우 숨을 붙이고 있다 하더라도 이젠 이빨 빠진 호랑이다. 정탐선의 보고에 의하면 이순신의 배는 아무리 많아도 십여 척. 천하의 이순신이라도 이것으로는 안 된다. 그래서 일본군은 자신감에 넘쳤다.

이제 조선에서의 전쟁을 마무리 할 마지막 한판!

그것도 아주 가벼운 마음으로 그냥 남해를 돌아서 지나가기만 하면 된다. 그까짓 열 몇 척은 슬쩍 건드려도 없어질 참이다. 그래서 그들은 모든 역량을 투입했다.

명량鳴梁에 들이닥친 일본 전선의 수는 『난중일기』에는 133척이라고 했고, 『이충무공전서』에는 330척, 『징비록』에는 200척, 『지봉유설』에는 100여 척, 『해동명장전』에는 수백 척으로 적혀 있다. 어쨌든 일본 수군이 동원할 수 있는 모든 배를 동원했다고 볼 수 있다.

일본군의 수군대장은 구루시마 미치후사來島道總, 토도 다카도라藤堂高虎, 그리고 와키자카 야스하루脇坂安治였다.

와키자카가 누구인가? 바로 한산대첩에서 이순신에게 패했던 바로 그 장수였다. 복수의 칼을 갈고 있었으리라.

해전 전날 겨우 한 척의 배를 더 보태어 이순신의 전선은 13척이다. 13척 대 수백 척! 어쨌든 이것은 있을 수 없는 전쟁

必死則生 必生則死

이다. 지금껏 세계 해전사에 이런 열세로 싸운 전쟁이 없었다.

명량대첩 하루 전인 9월 15일, 이순신은 여러 장수들을 모아 놓고 그 유명한 결사의 메시지를 전했다.

> 병법에 이르기를 반드시 죽고자 하면 살게 되고, 반드시 살고자 하면 죽게 된다必死卽生 必生卽死.
>
> 한 명이 길목을 지키면 천 명도 떨게 할 수 있다一夫 當逕 足懼千夫.
>
> 이것은 모두 우리를 두고 하는 말이다. 너희들이 조금이라도 명령을 어긴다면 군법으로 다스려 비록 작은 일이라도 용서하지 않겠다.

반드시 죽고자하면 살게 되고, 살고자 하면 죽게 된다.
이것은 삶과 죽음에 대한 역설이다.

여기서, '죽는다死'는 말이 먼저 나왔음을 잊지 말라.

'필사즉생 필생즉사'라는 말은 『오자병법』 치병治兵편에 나오는 '필사즉생必死卽生 행생즉사幸生卽死' 즉 반드시 죽고자 하면 살게 될 것이요, 요행히 살고자 하면 죽게 될 것이다'는 말에서 나온 것이다.

여기서 이순신은 행行을 버리고 필必을 취했다. 그만큼 단호한 각오를 표출한 것이다.

이순신은 손자병법은 물론이고 오자병법 등 여러 병법과 학문에 통달한 대학자이자 무장이었다. 그의 경지는 각각의 경계를 넘어서 자유자재로 실제에 적용하는 수준에 이르렀다.

이순신은 필사즉생의 연설을 하면서 죽음이라는 실체에 더 가까이 가게 된다. 죽음보다는 죽음을 생각할 수밖에 없는 그 현실이 고통스러운 것이며, 이미 죽음을 각오했다면 그때부터는 또 다른 세계가 열리는 것이다.

이순신, 그에게 있어서는 죽음 그 자체가 또 하나의 전략이었다.

꿈에
나타난
신인(神人)

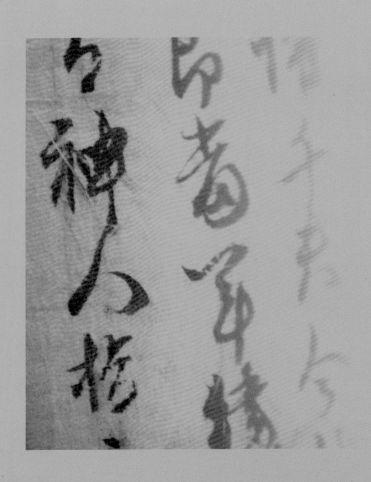

리더는 외롭다.

리더는 홀로 고민을 많이 한다.

생각이 많다.

그를 따르는 자들은 리더의 고통을

도무지 헤아리지 못한다.

이순신은 비록 부하들에게는

결의에 찬 연설로 용기를 불어넣어 주었지만

실상 본인은 엄습해오는 불안감에

잠을 이룰 수 없었다.

이 전쟁에서 지면 조선은 끝장이 나기 때문이다. 더 이상 희망이 없다. 도저히 다시 일으킬 수 있는 여력이 없다. 내가 무너지면 다 무너진다. 그런데 이길 수 있는 가능성은 사실상 없다.

어찌할 것인가!
뒤척이고 뒤척이며 밤을 지새운다. 바로 그때!
꿈속에 신인神人이 나타났다.

이날 밤 꿈에 어떤 신인이 나타나서 이렇게 하면 크게 이기고 저렇게 하면 진다고 말해주었다.

(9월 15일, 명량대첩 하루 전)

시야신인몽고왈 여차즉대첩 여차즉취패운
是夜神人夢告曰 如此則大捷 如此則取敗云

신의 사람, 신인이 나타난 것이다.
그 신인이 이기는 병법을 알려준 것이다.
어찌 이런 일이 있단 말인가!

이미 이길 수 있다는 확신!

이 전쟁은 이미 이겼다!

그 어떤 위기가 와도, 그 어떤 예기치 않는 일이 일어날지라도 반드시 이긴다는 확신이 있다면 그 전쟁은 실제로 이긴 것과 마찬가지다.

『손자병법』 제4 군형편에 보면 '승병선승이후구전勝兵先勝而後求戰'이라는 말이 나온다. 즉 이기는 군대는 먼저 이겨놓고 싸운다는 말이다. 꿈속의 신인은 바로 이것을 말했다.

긍정의 힘, 멘탈mental의 승리다.

이 승리에 대한 확신은 지휘관에게 기적과 같은 용기와 침착함, 그리고 대담성을 가져다준다.

기습을 당하다

드디어 결전의 9월 16일.

당시의 양력으로 보면 10월 26일.

그런데!

깜짝 놀랄 일이 발생했다.

일본 수군이 먼저 울돌목을 통과해서

기습을 감행한 것이다.

이게 무슨 날벼락인가?

어느새 어란 앞바다에서

이곳까지 들어왔단 말인가!

9월 16일 당일의 『난중일기』를 보자.

> 갑진 맑음. 이른 아침에 별망군이 와서 보고하기를, '헤아릴 수 없이 많은 적선이 명량을 거쳐 곧바로 진지陣地를 향해 온다'고 했다.
>
> 곧 여러 배에 명령하여 닻을 올리고 바다로 나가니, 적선 130여 척이 우리 배들을 에워쌌다.

이 중요한 일기를 하나씩 뜯어 볼 필요가 있다.

별망군이 보고한 시간은 '이른 아침'이었다. 그가 헤아릴 수 없이 많은 적선을 본 시간은 그보다도 더 이른 시간이었다.

그렇다. 일본 수군은 도처에 배치되어 있던 조선 별망군別望軍들의 눈을 피해 밤에 움직인 것이다.

아침 6시 30분이 지나면 일본 수군이 배를 몰기 유리한 서북 방향의 밀물로 바뀐다. 저들은 이 기세를 타고 더욱 속도를 내어 울돌목을 통과해 이순신 함대가 머물고 있는 우수영으로 밀어닥쳤다.

일기의 다음 대목을 보면 '명량을 거쳐 곧바로 진지陣地를 향해 온다'고 했다. 진지라는 의미는 육지의 수군 진지를 의미한다. 그러니까 일본의 배들이 들이닥칠 때 이순신의 배들은 아직도 진지, 즉 전라우수영 앞에 정박해 있었음을 알수 있다.

기존의 설명대로 이순신 함대가 우수영이 아니라 울돌목에서 일자진으로 대기하고 있었다면 울돌목을 향해 올라오는수많은 일본 전선을 볼 수 있었다. 누구나 육안으로 관측이가능하기 때문에 별도의 별망군에 의한 보고가 필요 없었을 것이다.

그리고 '곧 여러 배에 명령하여 닻을 올리고 바다로 나가니'라고 기록되어 있는데, 그때야 '닻을 올리고' 바다로 나갔던 것이다.

급하게 닻을 올리고 바다에 나가니 어떤 상황이 벌어졌는가? 그렇다. '적선 130여 척이 우리 배들을 에워쌌다'고 했다.

'회옹아제선(回擁我諸船)' 즉 우리의 배를 에워쌌다는 것은 이미 이들이 울돌목을 통과하고 비교적 넓은 곳에서 충분히 전개해 이순신의 배들을 에워싸고 있는 모양을 말해주고 있다. 결론적으로 보면, 이순신은 일본군에게 기습을 당한 것이다!

울돌목에 먼저 가서 좁은 목을 틀어막아 이들을 상대하려고 했던 전략이 물거품으로 돌아가고 만 것이다. 그래도 이길까 말까하는데 말이다.

피를 짜내며 만든 전략이 한순간에 물거품이 되었다!

일본 전선들이 들어온 곳은 울돌목을 지나 서쪽으로 뻗어있는 넓은 바다 방향이 아니고, 양도와 우수영 사이의 해협으로 추측된다. 일본 수군은 계속 정탐선을 보내 이순신 함대의 움직임을 파악하고 있었다.

어차피 한판 승부를 내야 할 처지에 있었다. '합세해서 조선 수군을 섬멸'하려고 했었다. 그래서 꽁무니를 물고 오다가 결정적인 시기를 포착한 것이다.

일본 수군은 이순신 함대가 우수영에 있다는 것을 알고 기습적으로 울돌목을 통과해 곧바로 우수영으로 향했다.

『일본전사日本戰史』를 보면 9월 16일 당시를 그린 그림이 있는데, 일본 함대와 이순신 함대의 격돌 위치가 우수영 앞바다로 그려져 있다.

출처 : KBS ▼

위기를 맞아
홀로 진두에 서다

실로 위기의 순간이다.

전력의 절대적 차이,

그리고 거대한 적의 기습과 포위,

그런 상황에서 전략이란 게 있을 수 있을까.

오직 리더십만 남았다.

바로 이럴 때 범인과 영웅은 구분되는 것이다.

이순신은 급히 기함을 몰았다.

그리고 앞으로 박차고 나갔다.

지금 이 순간에 가장 중요한 행동은

적의 기세를 꺾는 것이고,

우리의 자신감을 빨리 회복하여

즉각적으로 싸울 수 있게 하는 것이다.

이때 조선의 장수들은 너무나 많은 적들이 들이닥치자 겁에 질려 돌아서 피할 궁리만 했다.

특히 전라우수사인 김억추는 두 마장, 즉 800m나 뒤에 처져 있었다. 가슴이 터질 일이다. 9월 8일의 『난중일기』를 보면 김억추가 어떤 인물인지를 알 수 있다.

우수사 김억추는 한갓 만호감이나 맞을까 대장으로 쓰일 재목이 아니다. 좌의정 김응남이 서로 가까운 사이라고 해서 억지로 임명해서 보냈다고 한다. 한탄스럽다.

▼ 왼쪽이 양도, 그 오른편이 이순신 함대가 정박했던 우수영이다. 일본전선은 바로 이곳에 들이닥쳤다.

능력도 없는 사람이 권력에 아부해서 그 높은 자리에 앉았다. 당시 조선에는 이런 일이 많았다. 오늘날에도 이런 일은 자주 생긴다. 실로 나라를 망칠 일이다. 이런 사람들은 위기를 맞이하면 금방 그 본색을 드러낸다.

당시 조선 장수들이 진출한 상황을 보면 재미있는 분석이 가능하다. 조직에 어떤 위기가 닥치면 세 그룹으로 나누어진다.

첫째는 이순신과 같이 용감히 선두에 서는 그룹. 둘째는 김응함이나 안위, 정응두와 같이 어정쩡하게 중간에 서서 눈치만 살피는 그룹. 그리고 마지막으로 김억추와 같이 아예 뒤에 빠져서 몸만 사리는 그룹이 있다.

이순신은 앞으로 돌진해서 '지자(地字)'와 '현자(玄字)' 총통을 마구 쏘고 화살을 빗발같이 쐈다. 『난중일기』에는 '탄환이 나가는 것이 마치 바람과 천둥처럼 맹렬했다'고 기록하고 있다.

이순신의 기함이 이렇게 용감하게 싸우니까 기세에 눌린 일본 전선들은 감히 저항하지 못하고 나왔다 물러갔다 했다.

그런데 또 다시 여러 척의 배들이 몰려와서 이순신의 배를 몇 겹이나 둘러쌌다. 위기의 순간이다.

이날 일기에 보면 이렇게 기록되어 있다.

> 적에게 둘러싸여 형세가 장차 어찌될지 헤아릴 수
> 없으니 온 배에 있는 사람들은 서로 돌아보며 얼굴
> 빛이 질려 있었다.

이 절체절명의 순간에도 이순신은 부드럽게 군졸들을 타이르
며 말했다. 냉정하게 자신을 절제하며 부하들에게 자신감을
심어주고 있는 이순신의 모습이다.

> 적이 비록 천千 척일지라도 우리 배에게는 맞서 싸
> 우지 못할 것이다. 일체 마음을 동요하지 말고 힘
> 을 다해서 적선을 쏘아라!

이순신이 그동안 부하들의 자신감을 키워주는 전략을 구사
하며 명량까지 내려왔다고 해도 막상 개미떼 같이 많은 적들
을 보니 부하들은 바짝 겁에 질렸던 것이다. 사람인 이상 당
연했다.

이순신의 기함이 적들에게 포위되다 ▲

공포심!

이때 가장 무서운 적은 눈에 보이는 적이 아니라 마음속에 자리를 잡고 있는 공포심이라는 적이다.

이때 상황이 얼마나 급박했는지 당시 산 위로 올랐던 피난민들은 이 모습을 보고 발을 동동 구르며 울었다고 『이충무공

▲ 일본 동경에 있는 아오끼(靑木) 화랑에는 명량대첩을 그린 것으로 추정되는 그림 한 점이 있다. 〈조선전역해전도〉인데 일본 수군이 이순신의 기함에 달라붙는 모습이다. (www.e-hobbist.com)

전서』에는 기록되어 있다.

> 적에게 포위를 당하니 마치 구름과 안개 속에 파
> 묻힘과 같을 뿐이요.

얼마나 많은 일본 전선들이 이순신의 배들을 에워쌌는지 마치 구름과 안개 속에 파묻힌 것과 같다고 표현했다.

> 피난 온 백성들이 통곡하며 "이제 이렇게 되니 우
> 리는 어디로 가야하오." 라고 했다.

그런데 이 절박한 순간에도 조선의 장수들은 겁이 나서 뒤에서 움츠러든 채 나오지 않았다.

적의 기습을 받았던 명량해전의 처음 모습을 보면 얼마나 조선 수군이 겁을 먹고 제멋대로 행동했는지를 잘 알 수 있다.

거북선 건조 때 이순신을 도왔던 마하수馬河秀는 당시 네 아들 성룡, 위룡, 이룡, 화룡과 함께 참전하고 있었다. 그는 이순신이 포위된 것을 보고 "사나이로 태어나서 이때가 죽을 때이다!"라며 일본 전선을 향해 돌진하다가 전사하고 말았다.

대장이 몇 겹으로 포위된 것을 보고도 겁이 나서 뒤에서 구경만 하고 있는 장수들을 보자 이제 이순신은 화가 났다.

배를 돌려 중군장 김응함의 배로 가서 그 목을 베어 효시하고 싶었지만 이순신의 배가 뱃머리를 돌리면 여러 장수의 배들이 더욱 뒤로 물러갈 것이고, 그렇게 되면 일본 전선들이 더욱 바짝 밀고 들어올 것 같았다.

그래서 이순신은 호각을 불어 중군령하기中軍令下旗를 세웠다.

초요기를 올려라

▼ 초요기를 올린 이순신의 기함 (자주국방네트워크 제공)

그리고 곧 예하 장수를 부르는
초요기招搖旗를 올렸다.

"초요기를 올려라!"

초요기는 예하 장수를 부를 때 사용한다.
초요기를 보는 즉시 장수는 달려와야 한다.
초요기는 대장 이하 모두 가지고 있다.

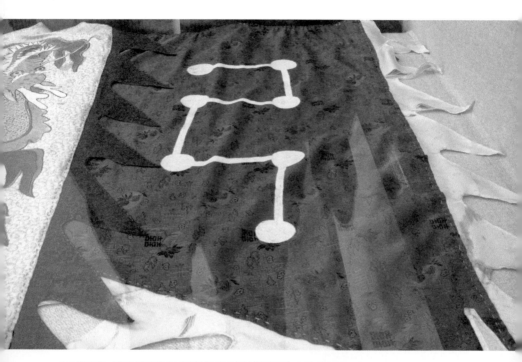

▲ 초요(招搖)는 별의 이름이며 북두칠성 옆 경하성(梗河星)의 위치에 있고,
한 중앙에 있으면서 사방을 가리킨다

초요기는 함부로 올릴 수 없다. 왜냐하면 현지 장수가 자신의 지휘영역을 떠나서 대장에게로 달려와야 하기 때문이다. 지휘 공백이 생긴다. 자칫 더 큰 위기에 함몰될 수 있다.

중군장 미조항첨사 김응함의 배가 달려왔는데 그보다는 거제 현령 안위의 배가 먼저 도착했다. 이순신은 배 위에서 이들을 봤다. 그리고 안위에게 고함을 쳤다.

"안위야, 군법에 따라 죽고 싶으냐? 네가 도망간다고 해서 어디 살 것 같으냐?"

이순신의 불호령을 들은 안위는 황급히 일본 전선을 향해 달려 나갔다. 이때 중군장 김응함의 배가 가까이 왔다.

"너는 중군장으로서 멀리 피하고 대장을 구하지 않으니 어찌 그 죄를 면할 수 있겠느냐! 당장에 처형을 하고 싶지만 적세가 너무 급하므로 우선 공을 세우도록 해라!"

이렇게 해서 안위의 배와 김응함의 배가 일본 전선 속으로 전진했다. 한참이 지난 후에 녹도만호 송여종과 평산포대장 정응두의 배가 합류했다. 이렇게 조선의 배들은 앞에서, 중간에서, 뒤에서 들쭉날쭉 있었다.

결코 이 상황에서 일자진은 펼 수 없었다. 더구나 어느 정도 충분한 배가 있어야 질서정연한 통제 속에서 학익진을 펼 수 있었다. 따라서 지금까지 명량대첩에서 이순신 함대가 일자진이나 학익진을 구사했다는 설 등은 성립할 수 없다.

그동안 이순신이 즐겨 사용했던 진법은 학익진, 장사진長蛇陣, 일자진이었지만 이 경우는 달랐다.

안위의 배가 일본 전선 세 척에게 포위를 당했다. 일본 전선은 서로 다투어 안위의 배에 오르려했다. 안위와 그 배에 탔던 수군들은 힘을 다해 싸웠다. 이날 일기에는 이때의 전투상황을 자세히 기록하고 있다.

> 안위와 그 배에 탄 사람들이 죽을힘을 다해 혹은 모난 몽둥이로 혹은 긴 창으로, 또는 수마석 덩어리로 무수히 치고 막다가 기진맥진했다.

이순신은 안위의 배가 위험에 빠진 것을 보고 곧장 쳐들어가서 빗발치듯 총통을 쏘아 이들 세 척의 일본 배를 거의 엎어지게 만들었다.

이때 녹도만호 송여종과 평산포대장 정응두의 배가 지원하러 와서 합력하여 이들 배를 사격했다. 이순신은 『난중일기』에

합력사살合力射殺이라고 적었다. 힘을 합하여 사격해서 죽인다는 뜻이다.

여기서 주목할 것이 있다. 아무리 위기 상황이 닥치더라도 정신만 바짝 차리면 길이 열린다. 이순신의 함대에는 막강한 총통이 장착되어 있다. 정신을 차려 정확히 쏘기만 한다면 임진란에 이어 그때까지도 조총으로만 무장된 일본의 배들을 쉽게 격파할 수 있다.

문제는 정신을 똑바로 차려 정확하게 사격하는 것이다.

정신이다! 정신문제다!

이순신은 지금까지 바로 이것을 보여주었다. 겁을 먹고 머뭇거리는 조선의 배들을 향해 솔선수범을 보여준 것이다.

여러 장수들은 이순신이 한 행동 그대로 따라서 이제 자신감을 회복해 열심히 싸웠다. 죽기로 싸우면 살 길이 열리는 것이다. 죽기로 작정한 것만큼 무서운 것이 어디 있겠는가!

반드시 죽고자 하면 살고,
반드시 살고자 하면 죽는다!
必死卽生 必生卽死

처절한 노력자에게 찾아오는 천우신조 1

이때였다!

"적장 구루시마다!"

준사가 고함을 쳤다.

준사는 안골포해전 당시에 조선에 투항해서

이순신의 기함에 탄 통역관이었는데,

그가 물 위에 떠다니는 붉은 비단옷 차림의

적장 구루시마를 발견한 것이다.

▲구루시마

적장 구루시마 미치후사來島通總는 안골포해전에서도 장수로 참전했기 때문에 준사가 바로 알아본 것이다.

그는 틀림없이 제1선두제대의 대장 구루시마였다.

구루시마는 『난중일기』에는 마다시 馬多時라고 기록된 자로서, 일본 시코쿠 지방의 제후인 다이묘大名였다.

일본 제후 중 임진왜란에서 최초이자 마지막으로 전사하는 인물이다. 그 죽음을 직접 확인하는 순간이었다.

이 구루시마는 당항포해전 때 이순신에게 전멸당한 후 사살당했던 구루시마 미치유키의 동생이었다. 그래서 이를 갈며 형의 복수를 다짐하고 선두에 서서 공격을 했었던 것이다.

그는 얼마나 치밀하게 복수전을 준비했을까. 일본 시코쿠 미야구보 지역에는 그의 이름과 같은 구루시마 해협이 있다. 그곳에는 울돌목과 꼭 같은 매우 거센 소용돌이 해류가 흐른다.

기록에 따르면, 구루시마의 수군은 그 소용돌이 해류에서 배를 몰고 전투를 하는 훈련을 해왔다.

그래서 구루시마는 이러한 해류의 특징을 너무나 잘 알았기 때문에 어떻게 해서든지 이순신보다 먼저 울돌목을 차지하려고 했을 것이고, 그래서 밤새 달려 아침 일찍 울돌목을 통과했을 것이다.

또한 명량대첩에 참전한 일본 장수 중에 와키자카 야스하루도 있었다. 그는 누구인가? 용인 전투에서 승리한 후 한산대첩에서 이순신과 한판 승부를 벌였다가 화살에 맞고 김해성으로 도망갔던 자가 아니던가.

기습전의 명수, 그가 복수를 다짐하고 이 전쟁에 뛰어 들었

▼ 일본에 있는 구루시마 해협. 이곳 해협의 물살은 마치 울돌목과 비슷하여 구루시마 수군들이 이곳에서 집중적으로 훈련을 했다. 어떻게 이순신이 울돌목으로 갈지 알았을까? (출처: 그람팜에서 살아가기)

다. 구루시마나 와키자카는 이 전쟁을 승리로 이끌 수 있는 유일한 방책이 기습에 있다고 봤다. 그러기 위해서는 이순신보다 선수를 쳐서 울돌목을 통과하는 것이 관건이었다.

사실 울돌목만 통과하면 그 다음의 승부는 볼 것이 없다. 아무리 이순신이라 할지라도 불과 13척으로 130여 척을 막을 재간은 전혀 없다.

또한 토도 다카도라는 옥포해전에서 이순신에게 패했던 그 장수가 아닌가.

구루시마, 야키자카, 다카도라는 복수를 위해 한마음으로 칼을 갈았지만 이순신의 상대는 되지 못했다.

이순신은 김돌손으로 하여금 사조구를 던져 떠다니는 구루시마의 시체를 건져 올리게 했다.

▲ 사조구

그리고 시체를 토막 내 적에게 보이도록 했다. 대장이 죽는 것, 이것은 전쟁의 승패에 결정적인 영향을 미친다. 순식간에 전세가 뒤바뀌는 것이다.

일본 자료집인 『고산공실록高山公實錄』에 보면, 이때 일본 수군은 매우 큰 충격을 받았다고 한다. 또 구루시마의 부장이었던 모리 다카마사도 물에 빠졌으나 겨우 구출되었고, 주변의 많은 일본 수군들이 부상을 입었다고 한다. 일본의 에히메 역사박물관에는 구루시마의 죽음을 다음과 같이 기록하고 있다.

> 구루시마는 문무를 겸비한 영재였고 고려에 파견되어서도 이름을 떨쳤다······그는 벼락에 맞아 목숨을 잃었다.

재미있는 표현이 아닐 수 없다.
벼락에 맞아 죽었다는 것이다.
벼락에 쾅!

그만큼 당시의 상황은 마치 천둥과 벼락이 치듯이 조선 수군의 강력한 총통에 밀리고 있었던 것이다. 벼락이라고 다소 생뚱맞게 표현했으나, 상황의 다급함을 보여주는 점에서는 제법 그럴 듯하다.

조선 수군은 함성을 지르며 급격히 사기가 올랐다. 여러 배들이 일제히 북을 치며 나아가면서 지자포, 현자포와 함께 화살을 빗발처럼 쏘았다. 『난중일기』에는 그 소리가 바다와 산을 흔들었다고 표현하고 있다.

적의 기세가 크게 꺾였다. 우리의 배들은 적이 다시 침범하지 못할 것을 알고 일제히 북을 울리고 함성을 지르면서 쫓아 들어가 지자, 현자 총통을 쏘니 소리가 산천을 뒤흔들었고, 또 화살을 빗발처럼 쏘니 그 소리가 바다와 산을 뒤흔들었다.

적장 구루시마의 죽음.
이런 결정적인 상황에서
적장의 죽음을
한낱 '우연'이라고 돌릴 것인가?

처절한
노력자에게
찾아오는
천우신조 2

31척의 일본 전선이 격파되었다.

일본 수군은 더 이상 싸울 수 없었다.
끝이다. 더 이상 싸울 수 없다.
도망가자.
살고 보자.
본래 나쁜 감정은 금방 퍼져 전염된다.
삽시간에 번진다.
전형적인 전장심리다.

그래서 모든 지휘관들은 이런 최악의 전염병을 방지하려고 이리 뛰고 저리 뛰면서 애를 쓰는 것이다.

한 번 무너지고, 한 번 위축되고, 한 번 뒤로 발을 내딛으면, 그대로 줄줄이 무너진다. 개인의 의지와는 상관이 없다. 극도의 공포심이 몰려와서 저절로 그렇게 된다.

일본 전선들이 뒤로 빠지기 시작했다. 이순신의 전선들은 서서히 이들의 뒤를 따라갔다.

이제 전장은 양도와 우수영 사이를 낀 바다로부터 울돌목에서 동쪽으로 나오는 앞바다에 옮겨졌다. 이 장소는 조류의 영향을 직접적으로 받는 조류의 주 통로다.

이제 조류가 관건이다!

그동안은 조류가 영향을 미치지 못했다. 그 안쪽에서 싸웠기 때문이다. 그런데 이제 상황이 달라졌다.

울돌목의 조류는 오후 12시 21분이 되면 울돌목에서 벽파진 방향으로 흐르기 시작한다. 이순신 함대가 울돌목 방향으로 일본 전선들을 몰아붙일 때 조류는 이순신 함대에게 매우 유리했다.

이제 결정적인 전쟁은 끝났다.

그러나 이순신은 도망가는 적선을

좁은 울돌목으로 몰아붙였다.

죽음의 땅, 사지死地로 몰아넣은 것이다.

이때 이순신은

조선 수군을 더 이상 들어가지 못하도록 했다.

더 많은 공을 얻기 위해 부하들을 사지로 몰지 않았다.

부하들의 희생이 커지기 때문이다.

울돌목 사지에 내몰린 일본 수군.

아니나 다를까, 여기서 또 일이 일어났다.

뒤로 도망가는 일본 전선들과 역류를 타고 울돌목을 향해 힘겹게 올라오는 후속 전선들이 좁은 울돌목 해협 안에서 서로 엉겨 부딪치고 깨어졌다.

이른바 자기편끼리 스스로 싸워 깨지는 자중지란自中之亂이다.

『난중일기』에는 기록되지 않았지만 『일본전사조선역日本戰史朝鮮役』의 기록에 보면 이때 일본 수군은 많은 피해를 입었다.

이때 옥포해전에 참전했던 수군대장 토도 다카도라藤堂高虎가 중상을 입었다고 적혀 있다.

아마 그는 선두제대인 구루시마의 뒤를 바짝 따라 제2제대로 명량 해협 안 깊숙이 들어왔으리라 추측한다.

아군 측에서 보면 적의 자중지란만큼 경제적인 전쟁이 없다. 그러나 적이 바보가 아닌 한 자중지란에 말려들지는 않는다. 이를 가능하게 만들기 위해서는 그러한 조건과 환경을 만들어야 한다.

고도의 전략이 요구된다.
이순신은 바로 이것을 만들었던 것이다.

이순신의 일기에는 자중지란으로 얻은 일본 전선의 피해현황을 기록하지 않고 있다. 아마도 적지 않은 일본 전선들이 서로 부딪쳐 깨어졌을 것이다.

결정적인 순간의 절묘한 타이밍의 조류!
어찌 사람의 힘으로 가능할 것인가?

세상의
모든 리더들에게
—

승리비결정리

이겼다!

드디어 이겼다!
불가능의 전쟁에서 이겼다!
울돌목에 진입했던 130여 척의 일본 전선 중에
31척이 완전히 불에 탔다.

『난중일기』에 기록된 공식적인 숫자다.
일본 측 기록에 의하면 울돌목 해협 안에서
90여 척이 손상되어 기능을 상실했다고 한다.

그런데 조선의 배는?

단 한 척도 파손되지 않았다.

명량대첩 이틀 후인 9월 18일자 『난중일기』에 보면 이때의 피해상황을 정확히 기록하고 있다.

> 내 배에 탔던 순천감독관 김탁과 병영의 노비 계생이 적의 탄환에 맞아 죽었다. 박영남과 봉학 그리고 강진현감 이극신도 탄환에 맞았으나 중상은 아니었다.

기함 외에 다른 배들도 경미한 피해를 입었다. 놀랍다.

이로써 이순신은 그의 생애 23번, 아니 작은 전투를 합쳐서 26번의 해전에서 단 한 척도 적에 의해 파손되지 않는 완전한 승리를 이룬 것이다. 이런 기록은 어떤 세계 해전사에도 찾을 수 없는 기적과 같은 것이다.

단 한 척도 적에 의해 파괴되지 않고 고스란히 거둬들인 승리! 13척으로 133척을 상대했을 때도 이 기록은 깨지지 않았으니 이를 어찌 설명할 수 있을 것인가?

여기서 주목할 점은 이순신이 탔던 기함에 두 명의 전사자가 있었다는 것이다. 그만큼 이순신도 죽음에 노출되어 있었다는 말이다.

이렇게 죽음을 각오한 진두지휘.
그 결과로 이룩한 완전한 승리!

이 놀라운 승리에 대해 이순신은 그날 9월 16일자 일기에 이렇게 적었다.

······ 이번 일은 실로 천행이다此實天幸.

누구보다도 이 승리의 근원을 이순신은 잘 알았다.

도저히 이길 수 없는 전쟁이었다.

아무리 이순신이라 할지라도 이길 수 없음은 그 자신이 잘 알고 있었다. 다른 사람들은 몰라도 그 자신만은 잘 알고 있었다. 그래서 두렵고 떨리는 마음으로 일기에 적었을 것이다.

하늘이 내려준 행운, 그게 바로 천행이다. 이순신의 독백에는 명량해전이 벌어지기 직전의 꿈이 담겨 있을까. 그가 꿈에서 만난 신인은 정말 그에게 승리의 비결을 전했던 것일까.

그렇게 믿고 싶은 측면도 없지 않다. 그러나 그렇게 치부한다면, 이 땅위에 굳건하게 버티면서 나라를 존망의 위기에서 구한 '사람 이순신'의 가치를 끌어내리는 것이다.

실제로 벌어진 전쟁을 겪은 지휘관에게 전쟁의 승패를 물어본 경우가 있다. 흔히 말하는 운이 70%요, 실력이 30%라는 식의 현대판 성어 '운칠기삼運七技三'을 이야기해주는 장군이 많다.

전쟁을 이루는 몇 가지 조건을 일찍이 큰 범주별로 묶은 사례가 있다. 맹자孟子에게서 나오는 천시天時와 지리地利, 그리고 인화人和의 개념이다.

천시는 사람이 어떻게 해볼 수 없는 것, 지리는 차지하려고 애를 써도 절반의 노력 정도만 통하는 것. 그래서 운에 속한다고 설정할 수 있다. 인화는 사람들끼리 잘 어울린다는 1차적 의미보다는 사람이 스스로 만들어 나가는 모든 여건을 포괄한다고 볼 수 있다.

그럼에도 전쟁을 겪은 원로 장군들은 한 가지를 빼놓지 않고 지적한다. "아무리 좋은 운이 닥쳐도 노력하며 준비하지 않은 사람에게 그런 행운은 현실로 이어지지 않는다"는 점이다.

사실 어느 정도의 일은 사람의 능력과 지혜와 전략으로 해결

이 가능할 수 있다. 그러나 너무나 큰 일, 때에 따라서는 막막하게 보이는 엄청난 장벽 앞에서는 사람의 힘은 너무나 미약하다. 한계가 있다. 이런 때 신인의 도움이 필요한 것이다. 사람의 영역이 있고 하늘의 영역이 있는 것이다.

그러나 노력하는 자에게 하늘과 땅도 호응呼應하는 법이다. 죽음으로 맞서 싸우려는 이순신에게 하늘과 땅은 '신인'의 모습으로 그의 꿈에 나타났을 것이다.

명량대첩은 민족사에 있어서 너무나 중요한 해전이기 때문에 승리의 요인을 여러 각도로 다시 정리한다. 물론 이 순서는 아무런 의미가 없다.

전쟁을 직접 감당해야 하는 군의 지휘관이나 사회의 리더들, 기업을 책임지고 운영하는 CEO들에게 이 승리요인들은 아주 유용하게 적용될 수 있을 것이다.

신인에 의해 이순신의 긍정의 힘이 작동했다.

그 내용은 전혀 알 길이 없지만, 이순신은 명량해전 전날 밤 꿈속에서 '신인'을 만났고, 그로부터 싸움에서 이기는 방법을 들었다. 그 내용이 구체적일 수는 없겠으나, 어쨌든 이순신 본인은 우연찮은 현몽을 통해 심리적으로는 '이 전쟁에서 이길 수 있다'는 생각을 다졌을지 모를 일이다.

비록 기습을 당했지만 그가 전혀 흔들리지 않으면서 평상심을 유지할 수 있었던 것도 바로 이 때문일 것이다. 지휘관의 평상심은 전쟁 시에 가장 큰 무기가 된다. 자신감, 확신이 있으면 평상심이 유지될 수 있다.

긍정의 힘, 멘탈mental의 승리다. 어떤 위기 상황을 맞더라도 정신을 바짝 차리고, 냉정하게 일을 처리해 나가면 반드시 길이 열린다.

벤자민 프랭크린의 말처럼 하늘은 스스로 돕는 자를 돕는다. 이순신 그 스스로가 최선을 다했기에 그 바탕 위에 하늘이 도왔다. 적장 구루시마는 결국 이순신의 결사항전을 견디지 못하고 죽었고, 분전이 거듭되면서 조류의 방향도 마침내 바뀌었다.

이순신의 목숨을 건 진두지휘로 부하들의 싸우는 의지가 살아났다.

죽느냐 사느냐를 두고 벌이는 전쟁에서 틀을 이루는 게 전략이다. 싸움의 방도에 관한 종합적인 사고다. 그 전략의 정점은 무엇일까. 최선을 다해 전투를 치르면서 종국에는 제 목숨까지 내놓으며 뛰어드는 경우다.

삶이냐 죽음이냐의 분별을 떠나 목숨을 내놓고 건곤일척乾坤一擲

의 자세로 나오는 게 전략의 최고봉이다. 그러나 말처럼 쉽지는 않다. 그래서 가장 위급한 상황을 맞았을 때 지휘관이 어떤 위치에서 어떤 행동을 하느냐가 결정적으로 중요하다. 당초 울돌목을 지키려는 이순신의 전략이 일본군의 기습으로 물거품이 되자 사실상 전략은 부재했다. 명량대첩은 전략이 부재한 상황에서 이루어졌다. 전략이 부재하면 리더십의 효용성은 더욱 커진다.

전략 부재의 상황에서 마지막에 닿는 전략, 그것은 죽음으로써 우리를 지키는 것이다. 이순신은 가장 위급한 순간에 진두陣頭에서 한 걸음 더 나아가 적의 함대 안으로 돌격했다. 8백 미터나 떨어진 곳에서 부하들의 함선은 겁을 내며 움츠리고 있는 시점이었다.

이순신은 목숨을 내려놓을 수도 있는 사생결단死生決斷의 자세로 전략의 종국점을 넘어섰다. 결과적으로 그런 자세는 위기를 호기로 바꾸어나갔다. 이순신의 솔선수범으로 용기를 얻은 모든 장병들이 혼연일체가 되어 죽기를 각오하고 싸웠다. 이순신의 기함도 포위되었고, 안위의 배도 겹겹이 포위되었지만 혼신의 힘을 다해 싸워 이겨냈다.

이순신이 행한 연설 '필사즉생必死卽生'이 그대로 주효했다. CEO, 리더, 지휘관의 위치는 가장 중요한 곳, 가장 위험한

곳, 가장 취약한 곳이어야 한다.

죽음을 뛰어넘는 그 힘! 실제로 그것만 가능하다면 어떤 상황도 능히 극복하며 승리를 쟁취할 수 있을 것이다. 세상에 죽음보다 더 강한 것이 어디 있겠는가? 죽겠다고 달려드는 사람보다 무서운 사람이 있을까?

이순신은 죽음조차도 전략으로 사용한, 세상에 존재하는 최고 경지의 전략을 명량대첩을 통해서 보여주었다.

명량대첩 전날 꿈속에 나타난 신인은 그렇게 말하지 않았을까. "자네가 아까 낮에 필사즉생이라고 하지 않았는가. 그렇게 하면 싸움에서 이길 것이야"라고 말이다.

강력하게 군법의 엄격함을 알려주어 머뭇거리는 장수들을 독려했다.

군법은 준엄한 것이다. 더구나 전시에 있어서 군법은 목숨을 끊어버릴 정도로 강력하다. 이렇게 때로는 강압적인 방법을 통해서라도 위기를 타파하고 성과를 달성해야 한다. 평시에 위기시를 대비한 법규를 잘 준비하고, 반드시 그 법질서를 잘 지키도록 훈련이 되어야 한다.

그래서 회사이건 군대이건 잘 준비된 법규와 법 준수 습관화는 매우 중요한 것이다.

판옥선의 장점과 판옥선에 장비된 막강한
화력이 승리를 뒷받침했다.

이는 매우 중요한 승리의 요인이다. 아무리 전략이 우수하
고 리더십이 탁월해도 그것을 뒷받침해줄 수 있는 무기체계
가 부실하다면 승리 또한 장담할 수 없다. 그래서 소프트웨
어(전략, 리더십)와 하드웨어(무기체계)의 조화는 매우 중요한
것이다.

기업이건 군대건 적을 상대할 때는 반드시 나만의 강점을 가
지고 있어야 한다. 없다면 만들어야 한다. 그래서 강점을 최대
한 활용하여 적의 약점을 노려야 한다.

집중의 힘을 잘 이용했다.

아무리 판옥선이 우수하고 총통의 위력이 대단할지라도 집중
의 힘을 제대로 활용하지 못하면 성과 또한 기대할 수 없다.

이순신은 화력을 집중적으로 운용함으로써 란체스터의 법칙
에서 말하는 '화력제곱승'의 위력으로 싸웠다. 집중을 하면
'더하기'식의 산술적인 힘이 아니라 '제곱승'으로 힘이 발휘된
다는 것이다.

▲ 일본군이 자중지란을 일으켰던 명량해협의 장소

『난중일기』에 기록한 합력사살合力射殺이라는 표현은 화력의 집중을 통해 적을 살상했음을 말해주고 있다. 이순신은 비록 수적으로는 터무니없이 불리했지만 화력의 집중을 통해 상대적 우위를 만들어 이겼다.

그동안 이순신은 연합함대를 이루어 배를 집중운용함으로써 수적으로 상대적 우위를 점하거나 아니면 화력의 집중운용을 통해서 화력으로 상대적 우위를 점해서 싸워 이겼다. 이것은 우승열패優勝劣敗, 즉 우세하면 이기고 열세하면 진다는 전리戰理에 충실한 행동이다.

어리석은 자는 힘이 부족함에도 의지만을 믿고 달려든다. 그러다가 많은 피해를 입고 지게 된다. 요행히 이긴다 해도 그 피해는 말할 수 없다.

현명한 전략가는 이기기 쉬운 전쟁을 한다. 집중함으로써 상대적으로 우세한 전력을 만들어 불리한 적을 상대로 쉽게 이기는 것이다. 또한 집중을 위해 무엇을 과감하게 버릴 것인가도 잘 봐야 한다. 아깝게 생각하다가 정작 필요한 집중을 소홀히 하는 잘못을 범해서는 안 된다. 버릴 것은 과감하게 버리고, 집중할 것은 과감하게 집중해야 한다.

일본 수군 대장 구루시마의 죽음이다.

특히 전세가 불리하게 기울어졌을 때 지휘관의 죽음은 결정적이다. 도망치려는 마음이 생겨날 때 지휘관의 죽음은 도망을 위한 최고의 핑계거리를 제공해준다.

이런 의미에서 지휘관은 이미 그 한 몸의 지휘관이 아니다. 그에게는 수많은 생명과 나라의 존망이 달려 있다. 그래서 지휘관은 처음부터 자질 있는 자를 잘 뽑아야 되고, 또한 어떤 경우든 죽지 않도록 잘 보호되어야 하는 것이다.

따라서 싸움에서 이기려면 적 지휘관을 노려라.
라이벌이 되는 기업의 CEO를 노려라.

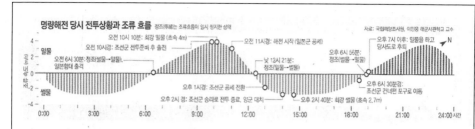

명량해전 당시 전투상황과 조류 흐름 정조(停潮)는 조류흐름이 일시 정지한 상태

자료: 국립해양조사원, 이민웅 해군사관학교 교수

오전 10시 10분: 최강 밀물 (초속 4m)

오전 10시경: 조선군 전투준비 후 출전

오전 11시경: 해전 시작 (일본군 공세)

오후 7시 이후: 밀물을 타고 당사도로 후퇴

오전 6시 30분: 청조(썰물→밀물), 일본함대 출격

낮 12시 21분: 정조(밀물→썰물)

오후 6시 56분: 정조(썰물→밀물)

오후 1시경: 조선군 공세 전환

오후 6시 30분경: 조선군 건너편 포구로 이동

오후 2시경: 조선군 승리로 전투 종료, 양군 대치

오후 2시 40분: 최강 썰물 (초속 2.7m)

명량대첩때 울돌목 조류 비밀 풀렸다

낮 12시 21분경 썰물로 바뀔때
이순신장군, 왜군함대 공격 대승

국립해양조사원 6개월 분석

"아직도 신에게는 12척의 배가 있 습니다."

그리고 두렵지 않았을까. 칠천량 (현재 경남 거제도 인근 해협)의 대 승에 도취한 왜군 함대 133척이 한 줌밖에 남지 않은 조선 수군의 본거 지로 몰려오고 있었다. 여기서 밀리 면 조선은 끝장인 절박한 상황이었 다. 하지만 충무공 이순신의 함대는 전남 진도 울돌목의 세찬 물살과 조 류의 흐름을 이용해 전함 수가 10배 넘는 왜군을 완파한다. 1597년 음력 9월 16일 명량대첩 얘기다.

국토해양부 국립해양조사원은

413년 전 승리를 가능케 했던 울돌 목의 조류 현상을 과학적으로 밝혀 냈다고 21일 밝혔다. 해양조사원은 수평 초음파 유속계를 활용해 지난 해 11월부터 6개월 동안 관측한 결 과를 분석해 당시의 조류흐름을 과 학적으로 추정해냈다.

해양조사원의 연구결과와 임진왜 란사 전문가인 이민웅 해군사관학교 교수의 당시 교전상황을 결합하면 명량대첩 당일 오전 6시 반경 물길이 서북 방향으로 흐르는 밀물로 바뀌 었다. 이때 왜의 함대는 전남 해남의 어란진을 출발해 이 밀물을 올라타 고 거침없이 진격해왔다. 밀물은 10시 10분경 초당 4m로 가장 세차

게 흐르다가 차츰 느려지기 시작했 다. 이순신의 함대가 우수영 앞바다 로 출전해 왜의 함대를 만난 때는 오 전 11시경.

이순신의 대장선이 앞서 접전을 펼쳤지만 중과부적(衆寡不敵)의 형 세에 겁을 먹은 조선 전함들은 머뭇 거리며 400~800m 뒤에서 움직이 지 않았다. 이순신의 필사적인 독려 로 조선 전함들이 전투에 가세하면 낮 12시 21분 드디어 밀물이 흐름을 멈추고 곧 동남 방향의 썰물로 바뀌 었다. 이제 조선 수군들은 해류가 흐 르려가는 방향으로 자리 잡게 된 반면 왜의 전함들은 역류에 갇히게 됐다. 오후 1시경 유리한 해류의 흐름을

탄 조선 수군은 총통과 화살로 일제 히 공격을 퍼부어 왜선 30여 척을 수 장시켰다. 오후 2시경 후퇴한 나머 지 왜의 함대는 다시는 접근하지 못 했다. 이순신의 초라한 함대가 믿지 못할 대승을 거둔 것이다.

해양조사원의 이번 연구결과는 한 국해양학회지 '바다' 11월호에 실린 다. 변도성 해양조사원 연구사는 "기 존에도 울돌목의 지형과 조류를 활 용해 승리했다는 설명은 많았지만 이번 연구는 과학적으로 세부 시간 까지 밝혀냈다"며 "역사학자들이 명 량대첩을 재해석하는 데 기초정보로 활용될 것으로 기대한다"고 말했다.

김재영 기자 redfoot@donga.com

▲ 국립해양조사원의 보고 (동아일보 A19면, 2010.10.22)
이 보고서는 맞지 않다. 결정적인 전투 시에는 조류가 영향을 미치지 않았다.

이것이 냉엄한 경쟁현실에서의 전략이다. 36계 병법에서 제18 계인 금적금왕擒賊擒王은 이것을 말해주고 있다. 도둑을 잡으려 거든 그 우두머리부터 잡으라.

이순신은 적이 패할 시점을 놓치지 않고 적시에 집중적인 공격을 했다.

이는 매우 중요하다. 손자병법 군형 제4편에 있는 '불실적지패 不失敵之敗'는 바로 이것을 말하고 있는데, 지휘관은 이길 수 있는 타이밍을 놓쳐서는 안 된다.

그 시점을 정확히 보는 것이 지휘관의 능력이며, 그 시점에 과감한 공격 기세를 유지하는 것도 지휘관의 능력이다.

지휘관의 눈은 언제나 승리할 수 있는 시점에 주목해야 하는 것이다. 타이밍이 생명이다.

마무리의 순간, 조류가 도왔다.

일본 전선 31척이 분멸되는 과정에서 결정적인 전투는 조류의 영향 없이 이루어졌다. 조류의 흐름과는 크게 영향이 없는 양도 앞바다에서 싸웠기 때문이다.

그러나 구루시마가 죽고 적들이 도망갈 때 때마침 조류는 바뀌었고 이는 일본군에게 불리하게 작용했다.

그래서 울돌목 해협 안에서 일본 전선끼리 자중지란을 일으키는데 조류가 크게 도왔다.

밀물과 썰물은 바다가 달과 태양이 끌어당기는 힘에 짧은 주기로 보이는 반응이다. 달과 태양의 상호현상은 자연을 지배하는 하늘의 영역이다. 사람이 할 수 있는 영역이 있고, 하늘이 할 수 있는 영역이 있다. 진인사대천명盡人事待天命이다. 사람이 할 수 있는 최선을 다하고, 겸손히 하늘의 도움을 바라는 것이다.

어떤 경우든 포기하지 않았다

불과 12척! 그러나 이순신은 결코 포기하지 않았다.

같은 상황에서도 승리자는 언제나 될 수 있는 면을, 긍정적인 면을 집중적으로 본다. 같은 상황에서도 실패자는 언제나 안 되는 면을, 부정적인 면을 바라본다.

동서고금의 수많은 전쟁을 보면 지휘관이 패배했다고 스스로 인정하는 순간 실제로 패배한 경우가 많았다. 반대로 말하면, 아무리 패배의 상황에서도 지휘관이 패배하지 않았다고 스스로 마음을 굳게 먹고 있으면 언제나 역전의 가능성은 남아있는 것이다.

포기하지 않으면 최소한 한 번의 기회는 반드시 있다. 이순신에게 배울 수 있는 정신은 바로 어떤 경우든 포기하지 않았다는 것이다. 이 정신만 제대로 배울 수 있다면 어떤 상황에서도 우리는 희망을 가질 수 있다.

▲ 긴박했던 당시 상황을 기록한 9월 15, 16일 『난중일기』

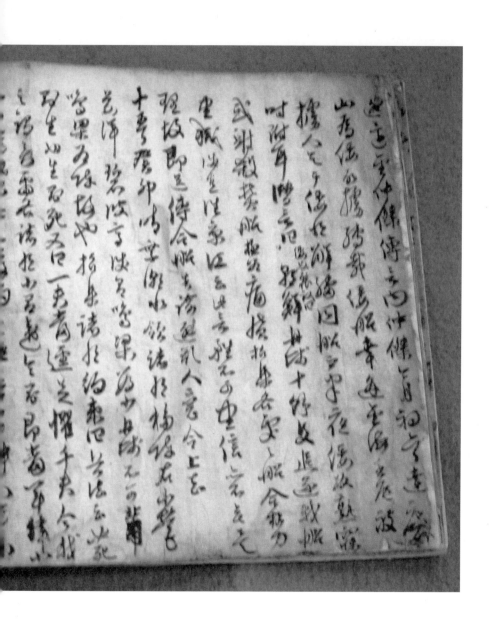

명량해전에는 거북선이 사용되지 않았습니다.

왜곡된 명량대첩

그동안 명량대첩을 두고
몇 가지 왜곡된 견해가 있었다.

이순신이 울돌목에
쇠사슬, 즉 철쇄를 쳤다는 설과
거북선으로 싸웠다는 설,
울돌목에 미리 나가 일자진을 쳤다는 설이
대표적인 왜곡이다.

물론 다 잘못이다.

먼저 철쇄에 대한 기록은 이중환의 『택리지擇里志』, 김억추의 후손들이 펴낸 『현무공실기顯武公實記』, 일본학자 아오야기 쓰나타로의 저서 『정한역일한사적征韓役日韓史蹟』에 나온다.

혹자는 막개라는 것을 이용해서 철쇄를 감았다는 주장을 한다.

맞지 않다.

우수영으로 가기 전 벽파진에서 16일을 머무는 동안 철쇄를 준비할 시간도 없었고, 재료도 없었다.

설사 만들 수 있었다 하더라도 당길 때의 장력張力이 어마어마하며, 아무리 막개를 사용해도 실제로 팽팽하게 당길 수 없다.

또한 배와 수면이 맞닿는 흘수선吃水線을 감안해서 배를 걸어 넘어지게 하는 그 정교함은 울돌목의 특이하고 거센 조류와 출렁이는 배의 높낮이 때문에 사실상 불가능하다.

결론적으로 그들이 주장하고 있는 철쇄는 없었다.

다음은 거북선에 대한 설이다.

『이순신과 히데요시』, 『일본인이 쓴 조선왕조멸망기』를 지은 일본의 한국사 연구가 가다노 쓰기오片野次雄는 이때 이순신의 배가 전부 거북선이었다고 주장했다. 물론 잘 모르고 말한 것이다. 이순신에 대해 오래 연구한 그는 이순신에 대해서 다음과 같이 평가를 했다.

일본처럼 소속 백성에 대해 생사여탈권을 가진 영주의 신분도 아니고 왕의 인사권에 의해 언제든지 파면될 수 있는 일개 변방 장수로서 군대도 식량도 무기도 스스로 마련하면서, 그런 승첩을 마지막 순간까지 이어간 것이다.

왜적의 보급로를 끊어 그들이 전쟁을 더 이상 계속할 수 없도록 히데요시의 대망을 저지했던 것이다.

이순신이 없었더라면 조선과 명은 도요토미 히데요시를 황제로 모셨을 것이다.

실로 이순신 장군의 압승 또 압승은 대동아공영권을 저지한 위업이다. 동양 삼국의 300년 평화를 가져온 위업이다. 400년 전 조선이 왜국의 식민지로 전락하는 것을 저지한 위업이다.

임진왜란의 교훈을 전혀 깨닫지 못한 조선은 마침내 청나라에 항복하였다. 실지로 임금이 이마에

▲ 우수영국민관광지에 설치된 막게. 당시에 철쇄는 없었고 이 막게도 없었다.

피를 철철 흘리며 항복했다. 선조가 하늘에서 그 장면을 내려다봤다면, 이순신에게 무릎을 꿇었을 것이다. 감사하다고, 적으로부터 치욕을 겪지 않게 해 주어서 감사하다고. 처첩과 더불어 성질 다 부리며 살고도 천수를 다하게 해서 감사하다고.

가다노 쯔기오는 이렇게 이순신의 업적을 제대로 평가했다. 명량대첩 당시 이순신의 배가 모두 거북선이었다고 주장한 것은 아무래도 그가 거북선의 위용과 함께 이순신을 높이려는 좋은

의도가 아니었나 생각해본다.

이순신의 조카인 이분이 쓴 『이충무공행록』에 보면 거북선에 대한 기록이 나온다.

> 이때 이순신이 전라우수사 김억추를 불러 병선兵船을 거두어 모으게 하고, 또 여러 장수에게 분부하여 "전선을 거북배로 꾸며서 군세를 돋우도록 하라."고 지시했다.

이때는 거북선으로 보이도록 겉을 꾸미는 것이지 거북선을 실제로 만든 것은 아니었다.

거북선은 임진년에 3척이 활동했고, 1595년에는 두 척이 더해져서 5척이 활동했다. 그런데 칠천량해전 때 이 거북선이 모두 분멸이 되었다. 그 후 거북선을 만들 재료도 없었고, 시간적인 여유도 없었으며, 특히 거북선을 만들고 동원해야 할 전술적인 이유도 없었다.

본래 거북선은 돌격선이라는 특별한 용도로 사용되었다. 거북선은 적에게 가까이 접근하여 공포심을 자아내고, 화력을 퍼부어 진형을 깨뜨리며, 정신을 마비시켰다. 매우 특별한 목적으로 사용된 것이다.

그러나 학익진을 형성하고 정상적인 전략을 구사하는 주력선은 판옥선이다. 명량대첩 당시에는 돌격선으로서의 특별한 용도보다는 시야를 확보하여 전체를 보고 정상적인 전략을 구사할 수 있는 판옥선이 더 필요했다. 결론적으로 당시에 거북선은 없었고, 특히 12척 전부 거북선이었다는 말은 어불성설이다.

그리고 이순신이 미리 울돌목으로 나가 일자진을 치고 적을 기다렸다고 하는 설도 잘못된 주장이라는 것은 이미 이 책을 통해 알게 되었을 것이다.

그런데 안타깝게도 아직도 우수영국민관광지 안에 있는 전시관에는 해군사관학교 교수였던 고故 조성도 박사가 그린 〈명량대첩 상황도〉가 버젓이 전시되어 있다. 이순신이 미리 울돌목에 나가서 일자진을 치고 있는 그림이다. 이것을 1982년 국방부 전사戰史지에서 그대로 옮겼고 이를 근거로 우수영국민관광지에 전시했다.

조성도의 상황도에 근거해서 오늘날 시중의 책에 나오는 거의 대부분의 명량대첩 그림은 이런 식으로 그려져 있다. 조성도의 그림을 그대로 베낀 것이다. 영향력 있는 한 사람이 과오를 범하면 후대는 그 과오를 되풀이할 수밖에 없다. 대체로 그 아성을 감히 뛰어넘기 어렵기 때문이고, 무분별한 고정관

명량해전에는 거북선이 사용되지 않았습니다.

▲ 우수영국민관광지의 잘못된 거북선 그림.
필자가 우수영관광지 내에 있는 거북선 그림을 보고 여러 차례 제거할 것을 요구해서인지 2011년 8월 3일 확인한 결과 이렇게 수정되었다. 아예 거북선 그림을 제거해야 마땅하다.

넘 때문이다.

철쇄나 거북선, 일자진에 대해서는 『난중일기』에 전혀 언급이 없다. 꼼꼼한 기록광인 이순신이 그 중요한 것들을 빠뜨릴 이유가 없다. 그날에 기록이 어려운 상황이면 반드시 뒷날에 기록을 했을 것인데 전혀 언급이 없다.

지금까지 명량대첩에 관한 여러 설을 간략하게 짚어보았다.

일본 사람의 역사왜곡에 놀아나서는 안 된다. 불과 13척에 의해 적어도 133척 이상의 전선이 패한 이 부끄러운 패배에 대해 일본인들은 그들의 조상을 변명해야만 했다. 그래서 철쇄니 거북선이니 하면서 패배의 부끄러움을 애써 축소시키려 한 것이다.

만약에 그들의 주장처럼 이순신의 배 13척이 모두 거북선이었고, 일자진을 쳐서 미리 기다렸다가, 철쇄를 올림과 동시에 거북선으로 막강한 화력을 퍼부었다면, 굳이 이순신이 아니라 지나가는 시골 농부 한 사람이 지휘를 했어도 충분히 이길 수 있었을 것이다.

그렇지 않은가? 그런 완벽한 조건과 여건이라면!

이 모든 것은 이순신을 깎아내리려는 의도에 불과하다.

이제 바로 잡아야 한다. 400여 년 동안 잘못 전해져온 명량대첩을 이제 정확하게 바로 잡아야 한다.

세계 해전사에 이런 위대한 해전은 없었다. 한산대첩과 더불어 세계 4대 해전에 빛나는 레판토 해전, 트라팔가르 해전, 살라미스 해전도 명량대첩과 비교할 수 없다. 인간의 언어로는 도무지 설명이 어려운 경이로운 해전이 아닐 수 없다.

이순신의 기도

이순신 함대는
명량 해협으로 진입한
130여 척의 일본 전선을
깨끗이 물리친 후,
깨어지고 뒤집어진 전선 잔해와
물 위에 둥둥 떠다니는 헤아릴 수 없는 일본군 시체들과
자욱한 연기를 헤치고 남동류의 순류를 따라
명량 해협 깊숙이 들어갔다.

『난중일기초』 전일기초 정유 9월 16일의 기록에 의하면 이때 이순신 함대는 벽파진을 넘어 그 앞 외양에 있는 금갑포金甲浦까지 갔다고 한다.

그리고 다시 북서류로 조류가 바뀌는 시각까지 기다렸다가 오후 7시경에 다시 명량 해협을 통과하여 서해로 진입해 당사도, 어의도, 법성포, 위도, 고군산도 일대를 오가며 41일 동안 해상을 경비하다가 10월 29일에 목포 앞에 있는 고하도에 정박하여 이듬해 2월 17일까지 머문다. 고하도에서 108일간 머무는 동안 군량미를 비축하고 전력을 재정비한다.

▼ 벽파진에서 진도대교 방향으로 가다보면 피섬을 만나게 된다.
　바위가 붉어 명량대첩 당시 일본군의 피가 물들었다는 설화가 전해진다.

혹자는 왜 이순신이
그 중요한 명량을 버리고 서해로 올라가서
결국 고하도에 머무는지 의구심을 가진다.

사실상 이순신이 명량을 떠났기 때문에 복수심에 불탄 일본
군 잔당들이 진도 주민들을 대량으로 학살했다.

울돌목에서 남쪽으로 10여리 떨어진 고군면 도평리에 가면
232기의 떼무덤이 있는데 이 무덤의 대부분은 이때 학살당했
던 주민들의 것으로 밝혀졌다.

▼ 도평리 산 117-3에 있는 떼무덤. 용감하게 일본군에게 항거하다가 순국한 의사들의 무덤이다.
  (출처: 덕수 이씨 정정공 풍암공종회 충무공파종회 사이트)

왜 당시에 이순신은 명량을 버리고 곧바로 서해로 올라갔을까?

이순신의 머릿속에 들어가 보지 않는 한 알 수는 없다. 그러나 이순신은 금갑포까지 가서 확인한 결과 당분간은 일본군이 재차 공격하지 않을 것이라 판단했을 것이다.

사실 이순신이 명량을 이용했던 본래의 목적은 일본 전선에 대한 물리적인 파괴가 아니라 정신적으로 공격 기세를 좌절시켜서 더 이상 오지 않도록 하는 데 두었을 것이다. 그 다음에는 조선의 수군을 재건할 시간이 필요했다.

명량에서 일차적인 목적을 충분히 달성했다고 판단했기에 이순신은 미련 없이 명량을 버리고 서북쪽으로 올라갔을 것이라 추정한다.

과연 명량대첩에서 대패했던 일본군은 그 다음 날인 9월 17일에 작전회의를 열고, 더 이상 서진을 중단하고 그 대신 남해안을 따라서 12개의 성(城)을 쌓아 그곳을 지키면서 기회를 기다리자는 결의를 했다.

이 내용은 일본에 있는 도요토미 히데요시에게 보고되었고, 그해 10월부터 일본군은 순천과 사천 등지에 성을 쌓기 시작했다. 이로써 일본군은 서울을 향해 진격하려는 전반적인 계

획을 포기하게 되었다. 이순신은 이렇게 해서 조선을 멸망의 수렁에서 건졌던 것이다.

명량해전의 쾌거가 온 나라를 환호로 뒤덮었다.

명나라의 경리인 양호는 이순신에게 붉은 비단과 은전을 보내 축하해 주었다. 그러나 정작 조정에서는 어떠했는가?

1597년 10월 20일자 『조선실록』에 보면 이때 선조는 이순신의 공적에 대해 이런 반응을 보이고 있다.

> ……통제사 이순신이 사소한 왜적을 잡은 것은 바로 그의 직분에 마땅한 일이며 큰 공이 있는 것도 아닌데……

과연 사소한 왜적을 잡은 것에 불과했던가. 만약 당시에 이순신이 패했더라면 조선은 그야말로 끝이 났을 것이고, 오늘날의 대한민국은 존재하지 못했을지 모른다.

여기서 분명히 알 것이 있다.

이때 조선의 상황은 1910년 8월 29일에 있었던 한일 합병韓日合併과는 사뭇 다르다. 비록 36년간 나라를 잃었지만 이때는 민족의 정체성이 생겨나고 있었다. 그래서 잔혹한 일제의 압박에 대항하는 독립운동을 펼칠 수 있었고, 결국 광복을 맞이할 수 있었다.

그러나 이순신이 살았던 그 당시 조선의 상황은 민족의 주체성이 없었다. 만약에 일본에 의해 정복당했다면 분명히 지금의 대한민국은 존재할 수 없고 일본의 속국이 되었거나, 아니면 홋카이도, 혼슈, 시코쿠, 규슈 네 개의 큰 섬에 이어 그들의 영토로 편입되었을 것이다.

생각만 해도 아찔하다. 우리 대한민국을 위해 하늘은 이순신이라는 한 사람을 택해서 절체절명의 수렁에서 건져준 것이다.

명량대첩 이후 이순신은 또다시 있을 다음의 전쟁을 준비했다. 그런데 1597년 10월 14일 그 밤에 이상한 꿈을 꾸었다.

> 밤 두 시쯤 꿈에, 내가 말을 타고 가는데 말이 발을 헛디디어 냇물 가운데로 떨어졌으나 거꾸러지지는 않았는데, 막내아들 면이 끌어안는 것 같은 형상이 보였는데 깨었다. 이것은 무슨 징조인지 모르겠다.

이 꿈은 바로 적중되었다. 이순신이 가장 아꼈던 막내 면이 죽었던 것이다. 일본의 수군 대장인 구키 요시다카九鬼嘉隆, 와키자카 야쓰하루脇坂安治 등은 명량대첩 참패의 보복으로 이순신의 고향인 아산에 특공대 50명을 보내 장군의 가족들을 살해하려고 했다.

그러자 면은 가족들을 먼저 피신시키고 자신은 혼자서 칼과 활을 챙겨들고 일본군과 싸우다가 장렬한 최후를 맞았다.

저녁에 어떤 사람이 천안에서 와서 집안 편지를 전했다. 봉한 것을 뜯기도 전에 뼈와 살이 먼저 떨리고 정신이 아찔하고 어지러웠다. 대충 겉봉을 뜯고 열(둘째 아들)의 편지를 보니, 겉에 '통곡' 두 글자가 씌어 있어 면이 전사했음을 알았다.

나도 모르게 간담이 떨어져 목놓아 통곡하였다. 하늘이 어찌 이다지도 인자하지 못하신고! 내가 죽고 네가 사는 것이 이치가 마땅하거늘, 네가 죽고 내가 사니 이런 어그러진 이치가 어디 있는가! 천지가 캄캄하고 해조차 빛이 변했구나⋯⋯

이렇게 이순신은 명량대첩을 앞뒤로 하늘과 같았던 어머니를 잃었고, 그리고 그가 가장 사랑했던 막내 면을 잃었다. 하늘이 무너져 내렸다. 어디에서 하소연할 수도 없었다.

억장이 무너져서 부하들 앞을 피해 소금 굽는 강막지의 집에 들어가서 펑펑 울었다.

5일이 지난 19일의 일기에는 여전히 슬픔을 가누지 못하고 있는 이순신의 안쓰러운 모습이 드러나 있다.

　　죽은 아들을 생각하며 통곡했다…… 어두울 무렵에 코피가 터져 한 되 넘게 흘렀다. 밤에 앉아 아들

▲ 현충사에 있는 이순신의 막내 아들 면의 무덤

을 생각하고 눈물을 흘렸다. 어찌 다 말로 할 수
있으랴!……슬픔에 가슴이 찢어지는 듯하여 가눌
길이 없다.

그도 평범한 아비였고, 인정과 눈물이 많았던 인간이었다.
그로부터 약 1년 후인 1598년 11월 18일, 자정에 이순신은
갑판에 올라 무릎을 꿇었다.

도독과 약속하고 밤 10시쯤 같이 떠났다. 자정에
배 위에 올라 손을 씻고 무릎을 꿇어, '이 원수를
무찌른다면 지금 죽어도 한이 없겠습니다'라고 하
늘에 기도했다. 『행록』

이순신은 일본으로 도망가는 일본 수군을 섬멸하기 위해 명
나라 제독 진린과 함께 출정하고 있었다.
바로 노량대첩이다.

이때 이순신은
그의 생애 마지막 기도를 드렸다.
그때 하늘에서 커다란 별똥이 떨어졌다.

중요한 때마다
40번이나 꿈을 꾸었던
꿈의 사람 이순신.

무거운 짐이 버거워
늘 기도했던
기도의 사람 이순신.

그의 승리는 불패의 꿈을 꾸며 스스로 최고조의 경건함을
잃지 않으려 했던 그런 자세에서 나왔다.

▼ 〈서천기원도(誓天祈願圖)〉 1978년 유택렬 화백 작

그는 모든 것을 버렸고
그리하여
모든 것을 얻었다.

다음 날, 11월 19일 오전 8시경.

쫓겨가던 일본 전선에서 날아온 한 발의 유탄이 그의 심장을 파고 들었다.

지금 싸움이 급하다. 내가 죽었다는 말을 하지마라!

이로써 이 땅에서 허락된 54년의 생명이 끝났다.
그에 맡겨진 사명이 끝난 것이다.

사명자는 그에게 맡겨진 사명이 완수될 때 그의 생명도 끝나는 것이다. 살면 충성이요 죽으면 영광이라.
그는 한 작은 사람이 역사에 얼마나 위대하고 놀라운 일을 할 수 있는가를 행동으로 보여주었다. 그리고 사람이 품을 수 있는 사랑의 양이 얼마나 될 수 있는지를 보여주었다.

그는 죽었지만…… 여전히 살아있다.

벽에 부딪쳤는가?
이순신이 섰던 울돌목의 그 현장에 서보라!

칼의 울음은 곧 나의 울음이다.

◀ 이순신의 장검과 172cm의 저자가 직접 키재기를 해봤다.
무려 197.5cm이다.
이렇게 긴 칼로 싸웠는가? 이순신은 거인인가? 아니다.
이 칼은 실전용이 아니다. 실전용은 조선의 표준도검인
환도 쌍룡검이다. 대략 1m 내외다.
이순신은 이 긴 장검을 늘 앞에 두고 마음을 가다듬을
때 사용했다. 칼의 울음을 들으며 백성의 울음을 들었다.

날카로운 칼날을 더듬으며 깊은 시름을 해야 했다.
적을 어떻게 베야할까? 적을 베기 전에 내 마음부터 베야
했다. 칼의 울음은 곧 나의 울음이다.

▼ 현충사에 있는 이순신의 장검 (보물 326호)